westermann

Denken und Rechnen

Erarbeitet von:
Angelika Elsner
Peter Sandmann
Roswitha Seidler
Marion Weigl

Unter Beratung von:
Dieter Klöpfer
Nadine Raisch
Sandra Schütz

1

Inhaltsverzeichnis

Schulbuch		Arbeitsheft
Der Zahlenraum bis 10		
Zahlen in der Umwelt	4–5	
Daten – Zählen und Strichlisten	6	1
Muster	7	
Lagebeziehung – Links; Lagebeziehung – Rechts	8–9	2
Die Zahlen 1 bis 6; Die Zahlen 7 bis 9	10–12	3–7
Die Zahl 0; Die Zahl 10	13–14	7–8
Zählstrategien	15	9
Plus	16	10
Das Zehnerfeld	17	11
Zahlen zerlegen	18–21	12–13
Vorgänger und Nachfolger	22	14
Zahlen vergleichen	23–24	15
Wiederholung	25	
Raum und Form – Flächen- und Körperformen		
Flächenformen in der Umwelt	26	17
Geometrische Flächenformen	27	17
Muster legen, Kombinieren	28–29	18
Körperformen – Würfel, Quader, Kugel; Bauen mit Körpern	30–31	19
Einführung von Plusaufgaben		
Plusaufgaben	32–33	20
Plusaufgaben am Zehnerfeld	34	21
Tauschaufgaben	35	22
Gleichungen – Ergänzen	36	22
Aufgabenmuster – Starke Päckchen	37	23
Sachsituationen – Plusaufgaben bis 10	38–39	24
Größen – Geld		
Zufall und Wahrscheinlichkeit	40	
Euro und Cent	41–43	26–27
Einführung von Minusaufgaben		
Minusaufgaben	44–45	28
Minusaufgaben am Zehnerfeld	46	29
Aufgabenreihen mit minus	47	
Gleichungen mit minus	48	30
Operatives Rechnen		
Nachbaraufgaben	49	31
Umkehraufgaben	50	32
Aufgabenfamilien	51	33
Sachsituationen – Plus- und Minusaufgaben bis 10	52–53	34–35
Plus- und Minusaufgaben – Rechnen mit drei Zahlen	54	
Wiederholung	55	
Der Zahlenraum bis 20		
Die Zahlen bis 20	56–57	
Bündeln – Zehner und Einer; Bündeln – Zahlen darstellen	58–59	37
Wechseln – Euro; Wechseln – Cent	60–61	38
Das Zwanzigerfeld	62–63	39
Vorgänger und Nachfolger	64	40
Zahlen ordnen und vergleichen	65	41
Die Ordnungszahlen bis 20	66	42
Kombinieren	67	44
Raum und Form – Falten und Bauen		
Falten	68–69	
Bauen mit Steckwürfeln	70	45
Wiederholung	71	

Zahlen und Operationen Raum und Form Größen und Messen Daten und Zufall

Rechengeld-Beilage A (941.200)

NA3516065794
10 EURO
NA3516065794
10 EURO
NA3601538389
20 EURO
UF5026727698
5 EURO
UF5026727698
5 EURO
UF5026727698
5 EURO
UF5026727698
5 EURO

Schulbuch		Arbeitsheft
Aufgaben im Zahlenraum bis 20 ohne Zehnerübergang		
Der Zahlenstrahl	72–73	46
Plusaufgaben am Zahlenstrahl	74	47
Minusaufgaben am Zahlenstrahl	75	47
Zahlenfolgen	76	
Analogieaufgaben	77	48
Tausch- und Umkehraufgaben	78	49
Plus- und Minusaufgaben bis 20	79	
Sachsituationen – Plus- und Minusaufgaben bis 20 ohne ZÜ	80–81	51–52
Operatives Rechnen über die Zehn		
Gleichungen	82	53
Ungleichungen	83	53
Verdoppeln	84	54
Halbieren	85	55
Über die Zehn – Verdoppelungs- und Nachbaraufgaben	86	56
Über die Zehn – Verdoppelungs- und Umkehraufgaben	87	57
Über die Zehn – Starke Päckchen mit plus	88	
Über die Zehn – Starke Päckchen mit minus	89	
Größen – Geld		
Geldbeträge bis 20 Euro	90	59
Geldbeträge bis 20 Cent	91	59
Sachsituationen – Plus- und Minusaufgaben mit Geld	92–93	60
Wiederholung	94	
Aufgaben im Zahlenraum bis 20 mit Zehnerübergang		
Über die Zehn – Rechnen mit drei Zahlen	95	
Über die Zehn in zwei Schritten – Plus	96–97	61
Über die Zehn in zwei Schritten – Minus	98–99	62
Über die Zehn – Zahlenstrahl	100	63
Über die Zehn – Nachbaraufgaben mit 9	101	64
Über die Zehn – Lösungswege	102	65
Einspluseins-Sätze	103	
Lernumgebung – Zahlenmauern	104–105	66
Wiederholung	106	
Raum und Form – Geobrett		
Mathematik und Kunst	107	68
Das Geobrett	108–109	69
Sachsituationen		
Sachsituationen – Fragen und Rechnungen finden	110–111	70
Sachsituationen – Antworten finden	112–113	71
Operatives Rechnen – Lernumgebungen		
Aufgabenfamilien	114	72
Lernumgebung – Rechendreiecke	115	73
Lernumgebung – Zwanzigertafel	116	
Zufall und Wahrscheinlichkeit – Sicher, möglich, unmöglich	117	74
Größen – Zeit		
Zeitpunkte – Volle Stunden	118	75
Zeitspannen – Stunden	119	75
Sachsituationen – Fragen, Rechnungen und Antworten finden	120–121	76
Daten		
Daten – Balkendiagramm, Daten sammeln	122–123	77
Wiederholung	124–125	
Zum Knobeln	126	80
Wortspeicher	127–128	

Zahlen und Operationen   Raum und Form   Größen und Messen   Daten und Zufall

| Kombi | Zahlen in der Umwelt |

1 Wo findest du Zahlen?

Finde weitere Zahlen.

4

Zahlenkarten im Klassenraum aufhängen. **1** Bedeutung der Zahlen erforschen. Weitere Beispiele finden.
Die Seiten 4 und 5 können zum jahrgangskombinierten Arbeiten verwendet werden,
vgl. Denken und Rechnen Klasse 2, Seiten 4 und 5.

Kombi

2 🔍 Forschen

Hier wird geforscht!

1 und **2** Weitere Zahlen in der Umwelt suchen und darstellen.
Evtl. „Forscherheft" einführen, in dem die Kinder Aufgaben lösen, fortsetzen und
zu eigenen mathematischen Ideen Notizen machen können.

5

Daten – Zählen und Strichlisten

1

Wortspeicher

die **Strichliste**

5 Striche auf einen Blick, das ist der Trick!

2

3

AH 1

Wortspeicher nutzen. Fünferstruktur thematisieren.
1 und 2 Strichlisten erstellen. 3 Würfelbauwerke entsprechend der Strichlisten erstellen.

Muster

1

2

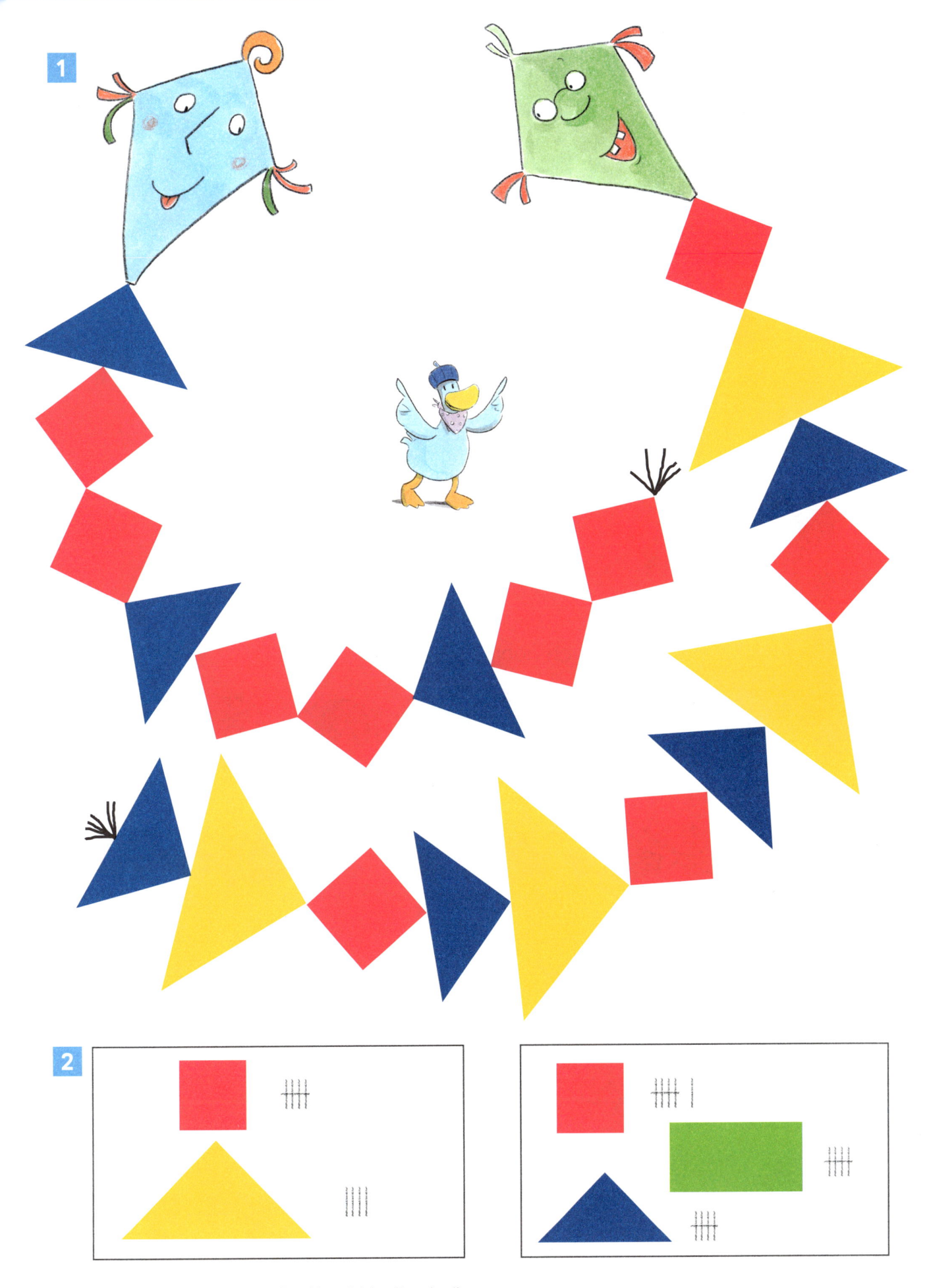

1 Muster nachlegen und fortsetzen. Anzahlen gleicher Form bestimmen.
2 Entsprechend der Strichlisten Muster legen.
Diff.: Im Forscherheft eigene Muster legen, Strichlisten erstellen.

7

Lagebeziehung – Links

Wortspeicher

← links

1

Mein linker, linker Platz ist leer.
Ich wünsche mir .... her.

2

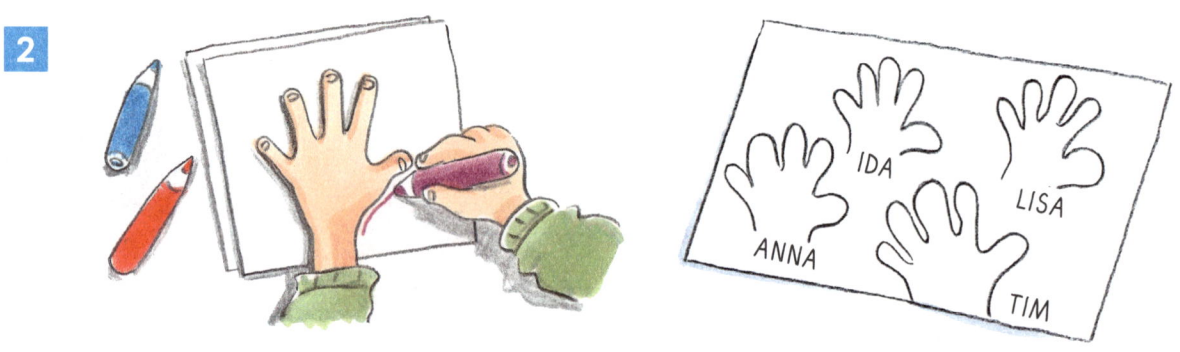

IDA LISA
ANNA TIM

3 Wie viele Tiere bewegen sich nach links?

8 AH 2

Wortspeicher nutzen.
1 Nachspielen. **3** Nur Tiere zählen, die sich nach links bewegen. Strichliste erstellen.

Lagebeziehung – Rechts

1

"Mein rechter, rechter Platz ist leer. Ich wünsche mir .... her."

Wortspeicher

rechts →

2

3 Wie viele Tiere bewegen sich nach rechts?

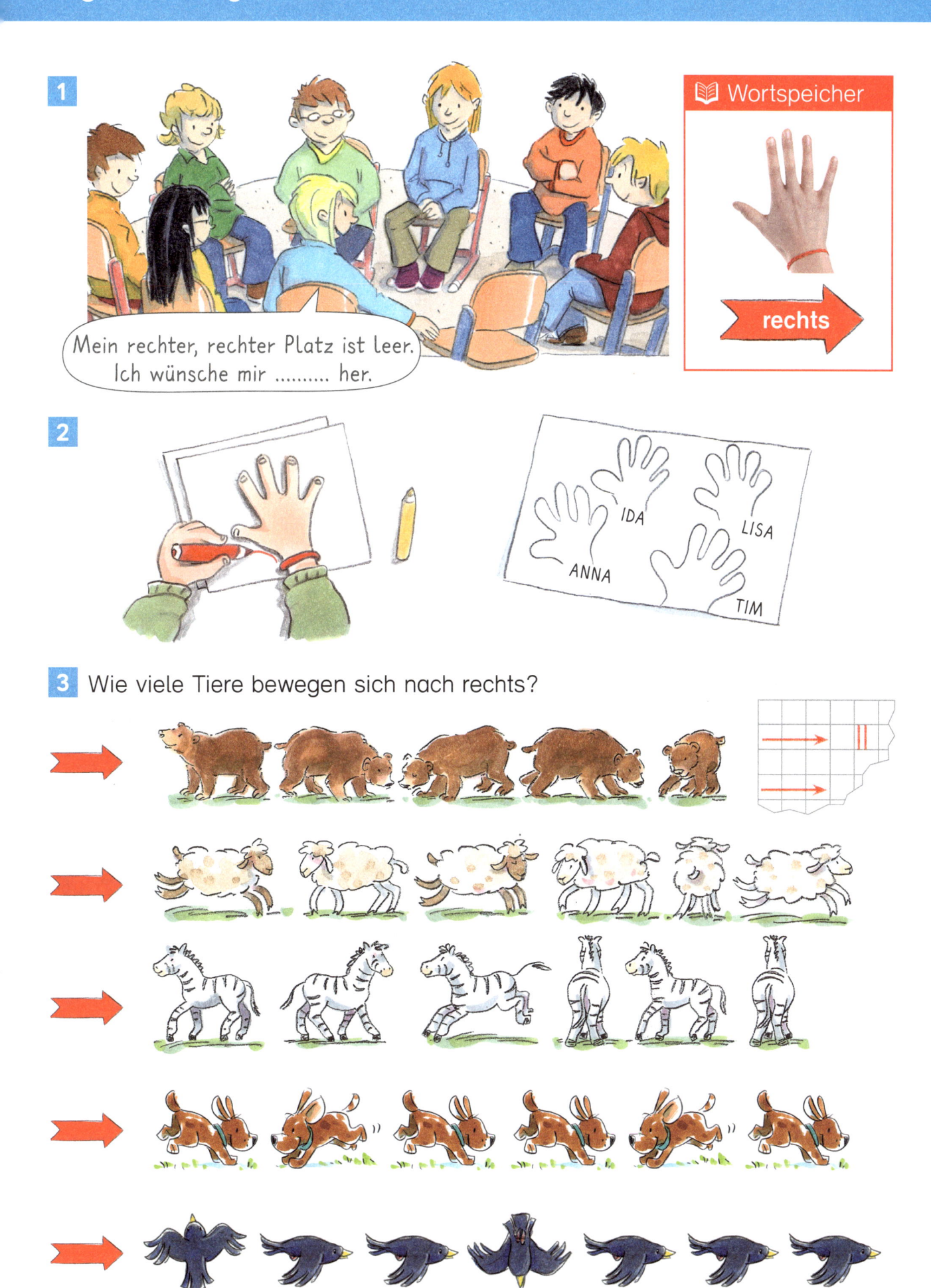

Wortspeicher nutzen.
1 Nachspielen. 3 Nur Tiere zählen, die sich nach rechts bewegen. Strichliste erstellen.

AH 2

Die Zahlen 1 bis 6

10 AH 3; 4

Fünferstruktur thematisieren. Anzahlen bestimmen.
1 Zahlen hören. 2 Zahlen sehen.
3 Zahlen fühlen. 4 Gezeigte Anzahl schnell erkennen.

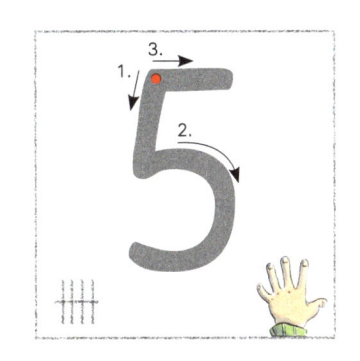

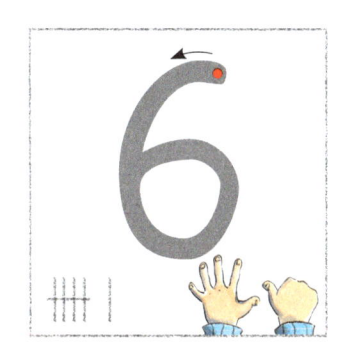

Fünferstruktur thematisieren. Anzahlen bestimmen.
5 Verschiedene Gegenstände legen. **6** Steckwürfel legen.
7 Vorwärts und rückwärts zählen. **8** Ziffern schreiben.

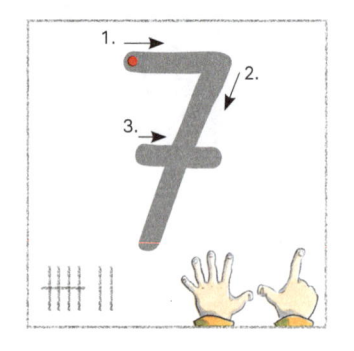

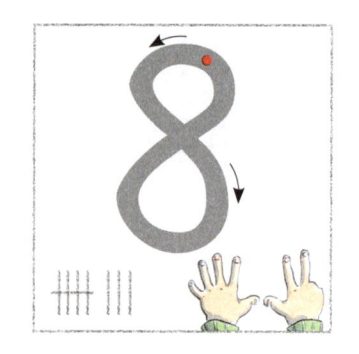

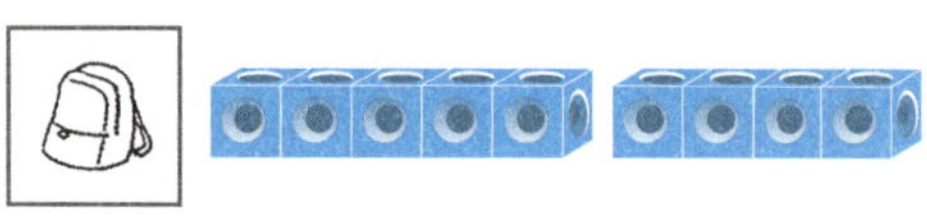

Die Zahlen 7 bis 9

So schreibe ich in mein Heft.

12 AH 6; 7

Fünferstruktur thematisieren.
Gegenstände im Bild zählen und Anzahlen mit Strichliste und Steckwürfeln darstellen.
Auf dem eigenen Spielplatz Dinge zählen und Anzahlen mit Strichlisten darstellen.

Die Zahl 0

Arbeite mit einem Partner zusammen.

1 3

2 leer

3 9 8 7 □ □ □ □ □ □
7 6 □ □ □ □ □

4

5 0 1 2 □ □ □ □ □ □
3 4 □ □ □ □

6 5 6 □ □ □   4 3 □ □ □
5 4 □ □ □   4 5 □ □ □ □

7 *Oben links sehe ich...*

1 Die Anzahl der Kinder auf den Bildern bestimmen. In Partnerarbeit über die Spielsituation sprechen. Die Null thematisieren. 3, 5 und 6 Evtl. mit Zahlenkarten legen.
7 Mit den Begriffen oben, unten, links und rechts den Inhalt der Regalfächer beschreiben.

AH 7

Die Zahl 10

1 5 Finger und 5 Finger

Erst die 1, dann die 0.

2

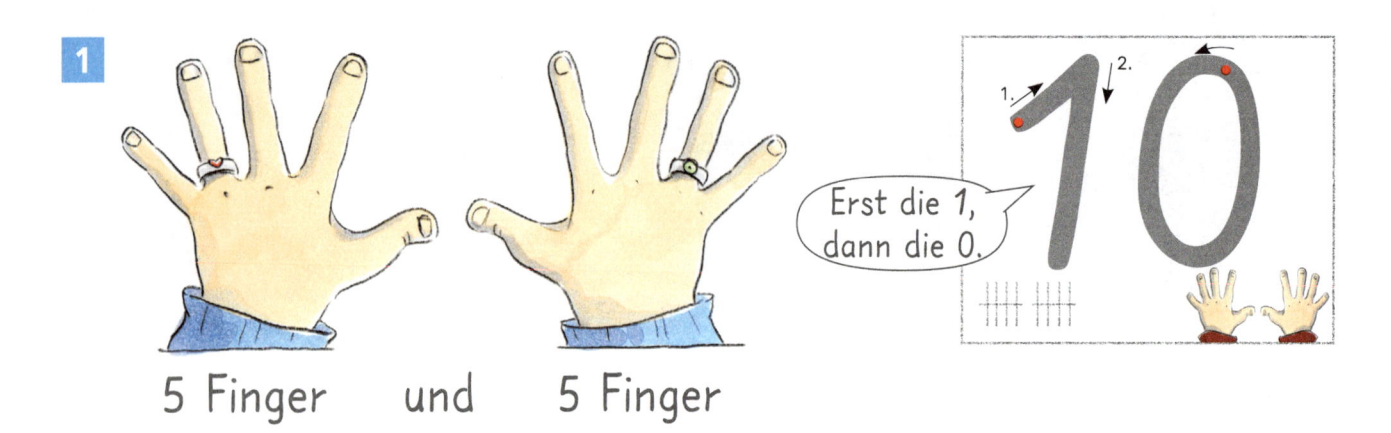

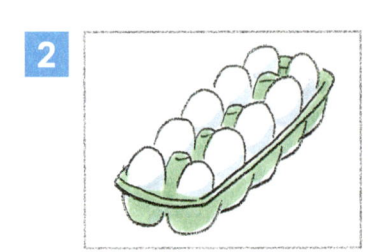

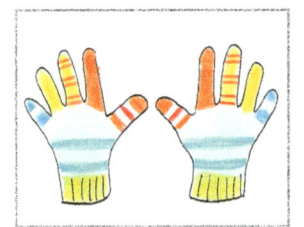

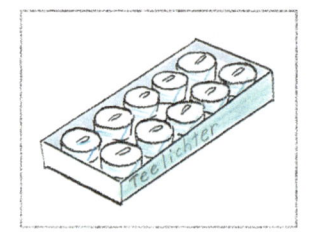

3 Wo sind mehr, wo sind weniger als 10? Schätze zuerst.

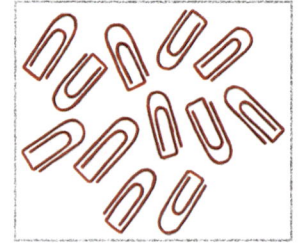

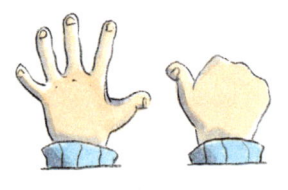

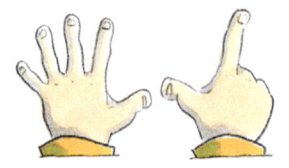

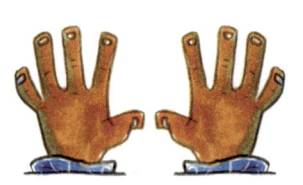

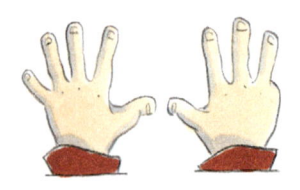

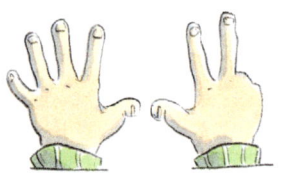

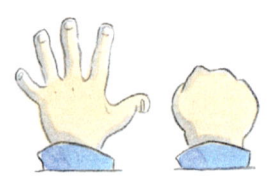

4

5 Zeige 7. Wie viele Finger sind versteckt? 3

Fünferstruktur thematisieren.
2 Die Zahl 10 erfassen. Zuhause oder beim Einkaufen weitere Zehnerpackungen suchen.
4 Besprechen, wie viele Finger sichtbar und versteckt sind.

Zählstrategien

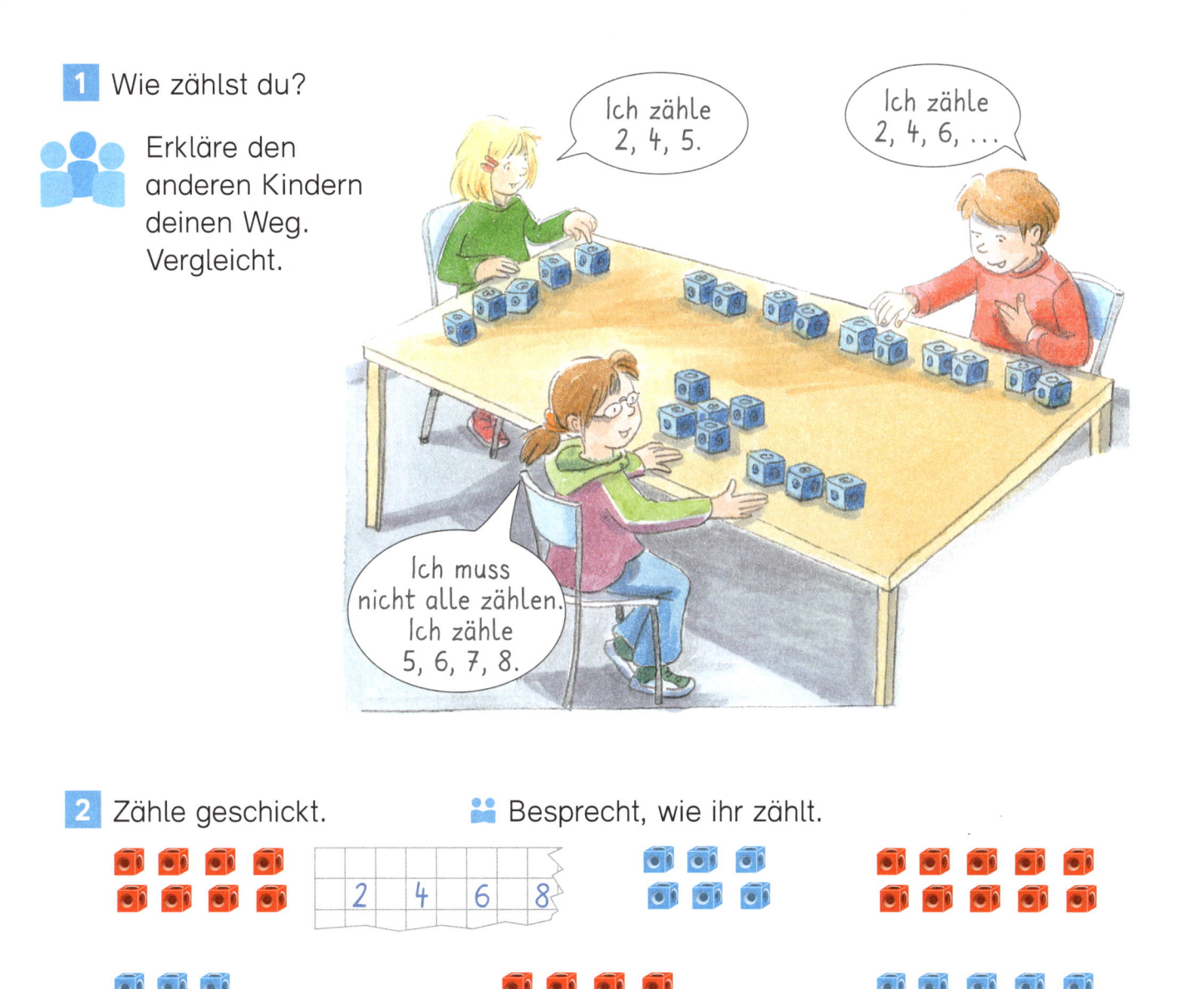

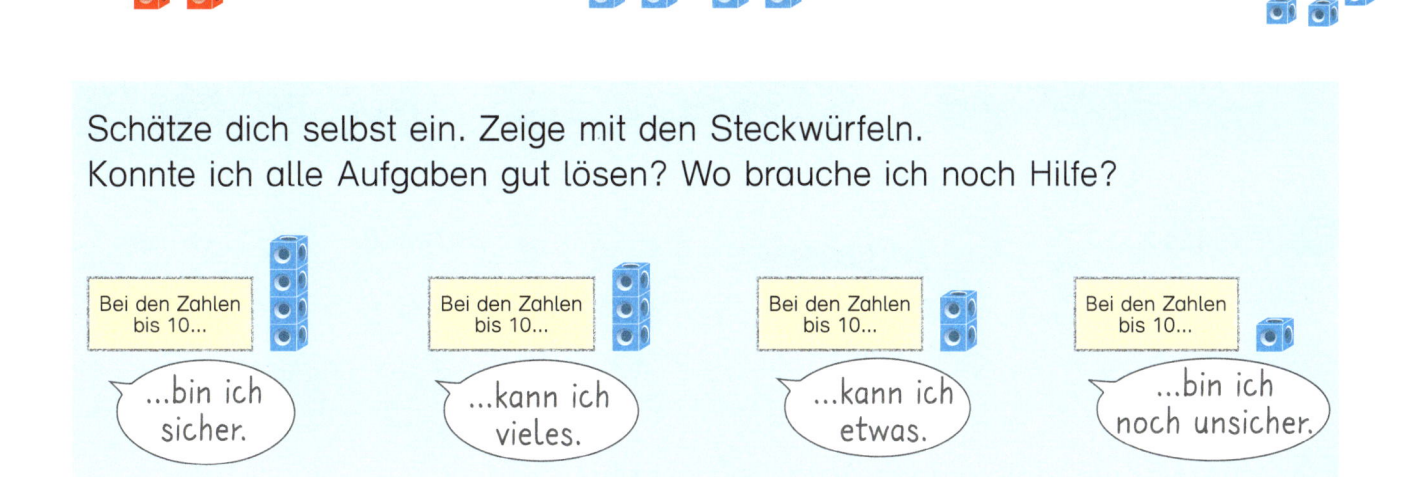

1 Wie zählst du?

Erkläre den anderen Kindern deinen Weg. Vergleicht.

Ich zähle 2, 4, 5.

Ich zähle 2, 4, 6, ...

Ich muss nicht alle zählen. Ich zähle 5, 6, 7, 8.

2 Zähle geschickt. Besprecht, wie ihr zählt.

2 4 6 8

Bei den Zahlen bis 10...

Schätze dich selbst ein. Zeige mit den Steckwürfeln.
Konnte ich alle Aufgaben gut lösen? Wo brauche ich noch Hilfe?

Bei den Zahlen bis 10... ...bin ich sicher.

Bei den Zahlen bis 10... ...kann ich vieles.

Bei den Zahlen bis 10... ...kann ich etwas.

Bei den Zahlen bis 10... ...bin ich noch unsicher.

1 Jedes Kind überlegt zunächst für sich, bespricht sich dann mit einem Partner und tauscht sich anschließend in der Gruppe aus. Fünferstruktur thematisieren. **1** und **2** Thematisieren, wie gezählt wurde. Den eigenen Lernstand einschätzen und entsprechende Anzahl Steckwürfel stecken.

AH 9

15

Plus

1

Wortspeicher

5 **+** 3

5 **plus** 3

2

6 + ▭   4 + ▭   ▭ + ▭

3

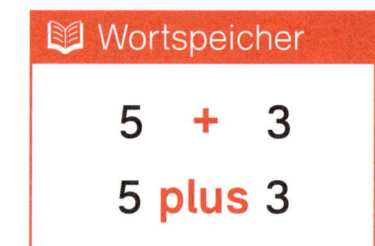

4

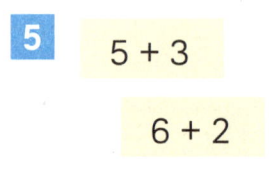

5

5 + 3   4 + 3   3 + 4   2 + 1

6 + 2   1 + 7   4 + 1   5 + 4

               2 + 3   5 + 1

6 Schreibe und male eigene Aufgaben mit plus.

AH 10   Wortspeicher nutzen. 1 bis 4 Zu Bildern passende Rechenausdrücke finden.
Verschiedene Rechenausdrücke sind möglich. Auswahl der Rechenausdrücke erklären.
5 Zu den Termen zeichnen. 6 Offene Aufgabe. Forscherheft nutzen.

Das Zehnerfeld

Klappe das Zehnerfeld hinten im Buch auf.

1 So kann ich 10 auf einen Blick sehen.

Wortspeicher

das **Zehnerfeld**

2 Legt auf dem Zehnerfeld und bestimmt die Anzahl.

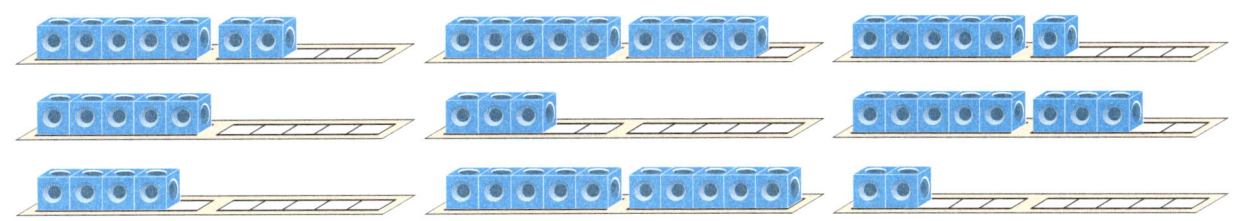

3 Immer 10. Schreibe Aufgaben mit plus.

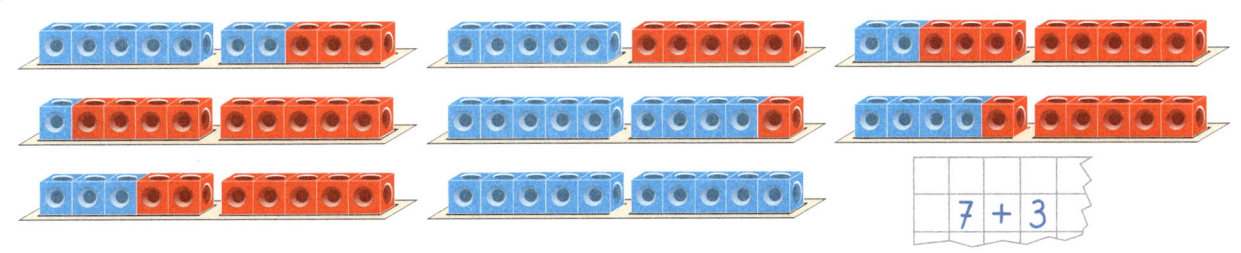

7 + 3

4 Wie viele fehlen bis 10? Schreibe Aufgaben mit plus.

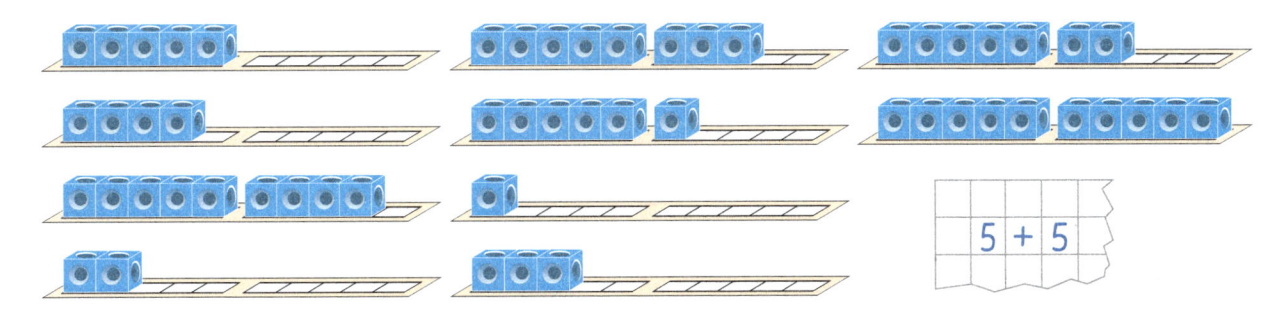

5 + 5

5 Wie viele fehlen bis 10?

8

Beim Arbeiten mit dem Zehnerfeld...

Wortspeicher nutzen. Fünferstruktur thematisieren.
1 bis 5 Zehnerfeld zum Ausklappen nutzen. Steckwürfel zusammenschieben oder -stecken.

AH 11

17

Zahlen zerlegen

Wortspeicher

zerlegen

4
0 + 4
1 + 3
2 + 2
3 + 1
4 + 0

	7	
2	+	5
3	+	

18 AH 12

Wortspeicher nutzen.
1 Verschiedene Zahlen zerlegen lassen. Schüttelbox nutzen.

4 8

Wie kannst du die 8 noch zerlegen?

5 10

Wie kannst du die 10 noch zerlegen?

6

6
4 + 2

9 4

9 6 10 9

4 3 10 8

7 5   3 + 2   9 6

7 Selbst Zahlen und Zerlegungen finden.

Zahlen zerlegen

1

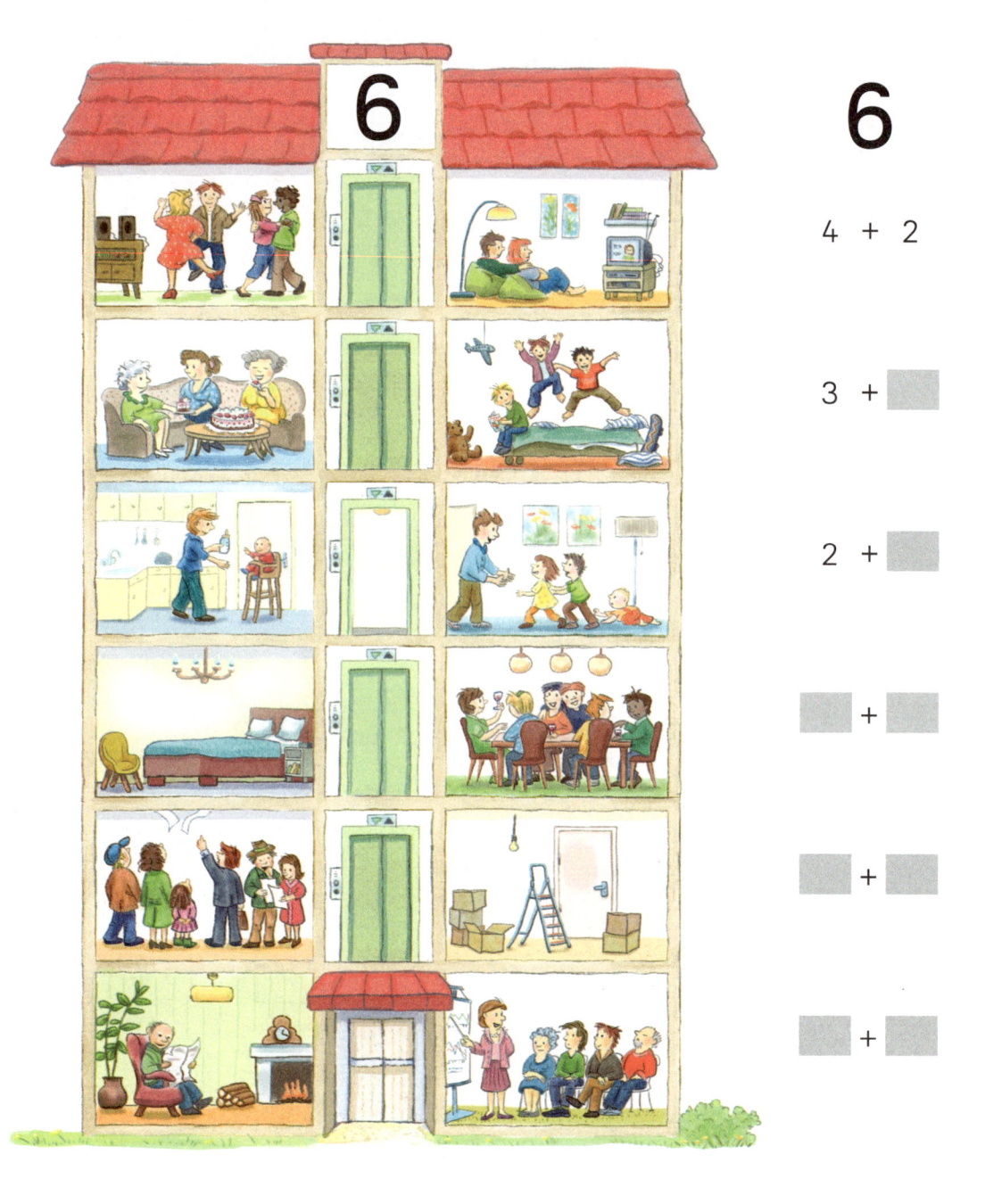

6

4 + 2

3 + ☐

2 + ☐

☐ + ☐

☐ + ☐

☐ + ☐

2

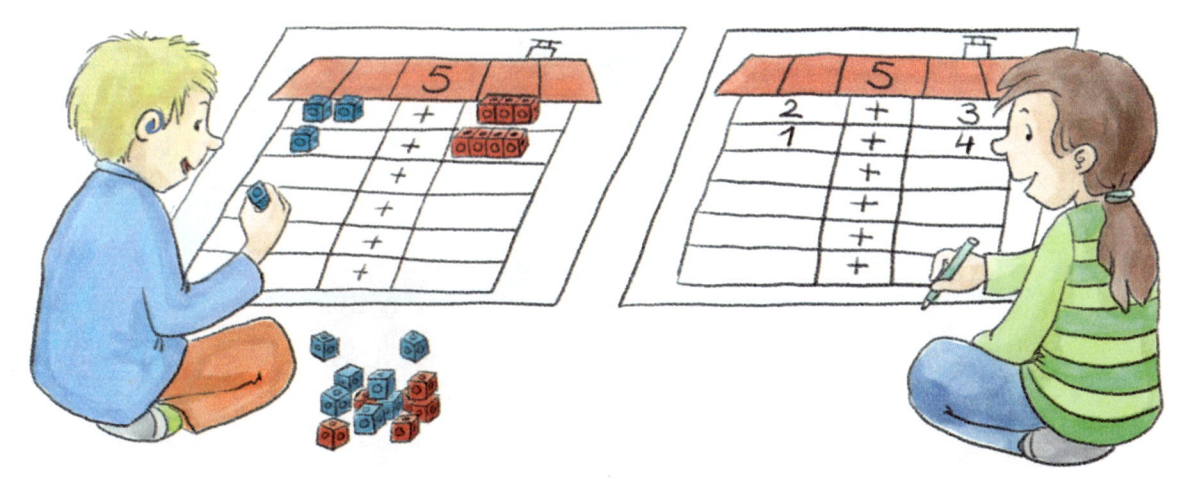

1 Die Anzahl der Personen in jedem Stockwerk notieren. Term schreiben.
2 Zerlegungen legen und aufschreiben.

3 Setze fort.

10		
10	+	0
9	+	1
8	+	
	+	
	+	
	+	
	+	
	+	
	+	
	+	
	+	

10 + 0
9 + 1
8 +

Mir fällt etwas auf.

4

8		
0	+	8
1	+	
2	+	
3	+	
4	+	
5	+	
6	+	
7	+	

7		
7	+	
6	+	

9

3

Beim Zerlegen von Zahlen…

Fünferstruktur thematisieren.
3 und 4 Systematisch zerlegen. Zusammenhänge entdecken.
4 Bei offener Aufgabe Zerlegungszahl frei wählen.

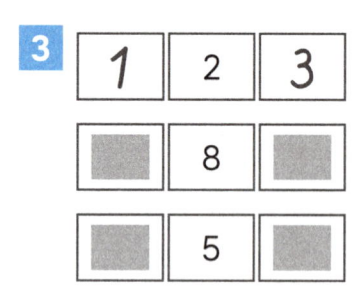

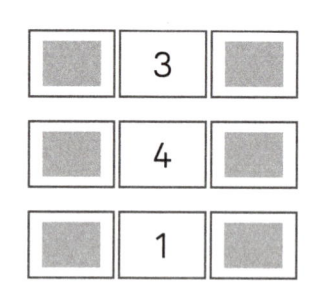

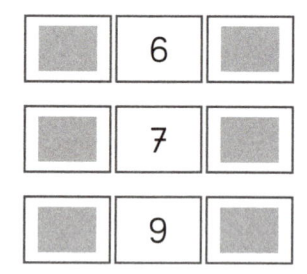

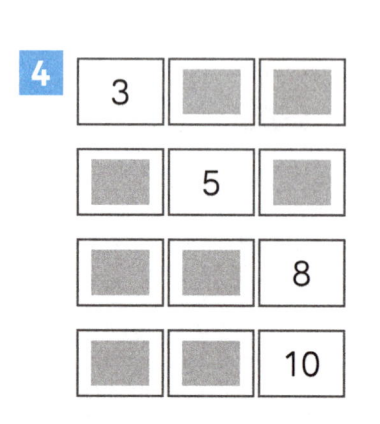

Vorgänger und Nachfolger

Wortspeicher

| 6 | 7 | 8 |

Vorgänger Zahl **Nachfolger**

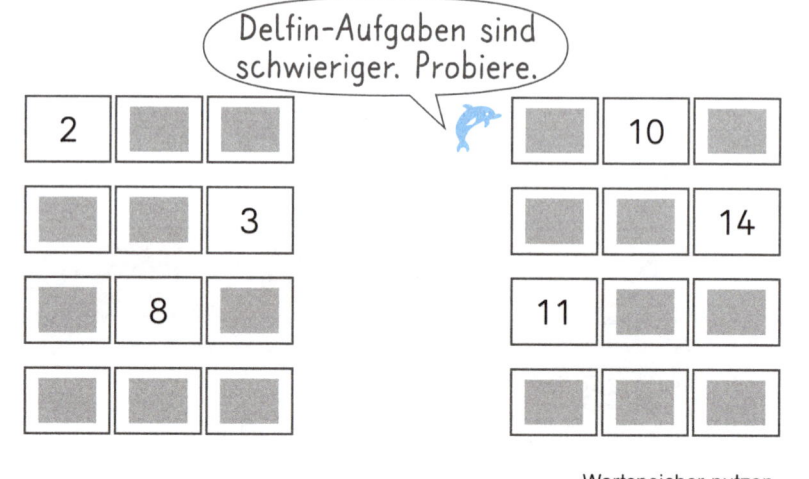

Delfin-Aufgaben sind schwieriger. Probiere.

Wortspeicher nutzen.
1 bis 3 Den Vorgänger und Nachfolger einer Zahl bestimmen.
4 Offene Teilaufgaben.

Zahlen vergleichen

Wortspeicher

6 > 3
ist **größer** als
ist **mehr** als

3 = 3
ist **gleich**

3 < 6
ist **kleiner** als
ist **weniger** als

1 Vergleiche die Türme.

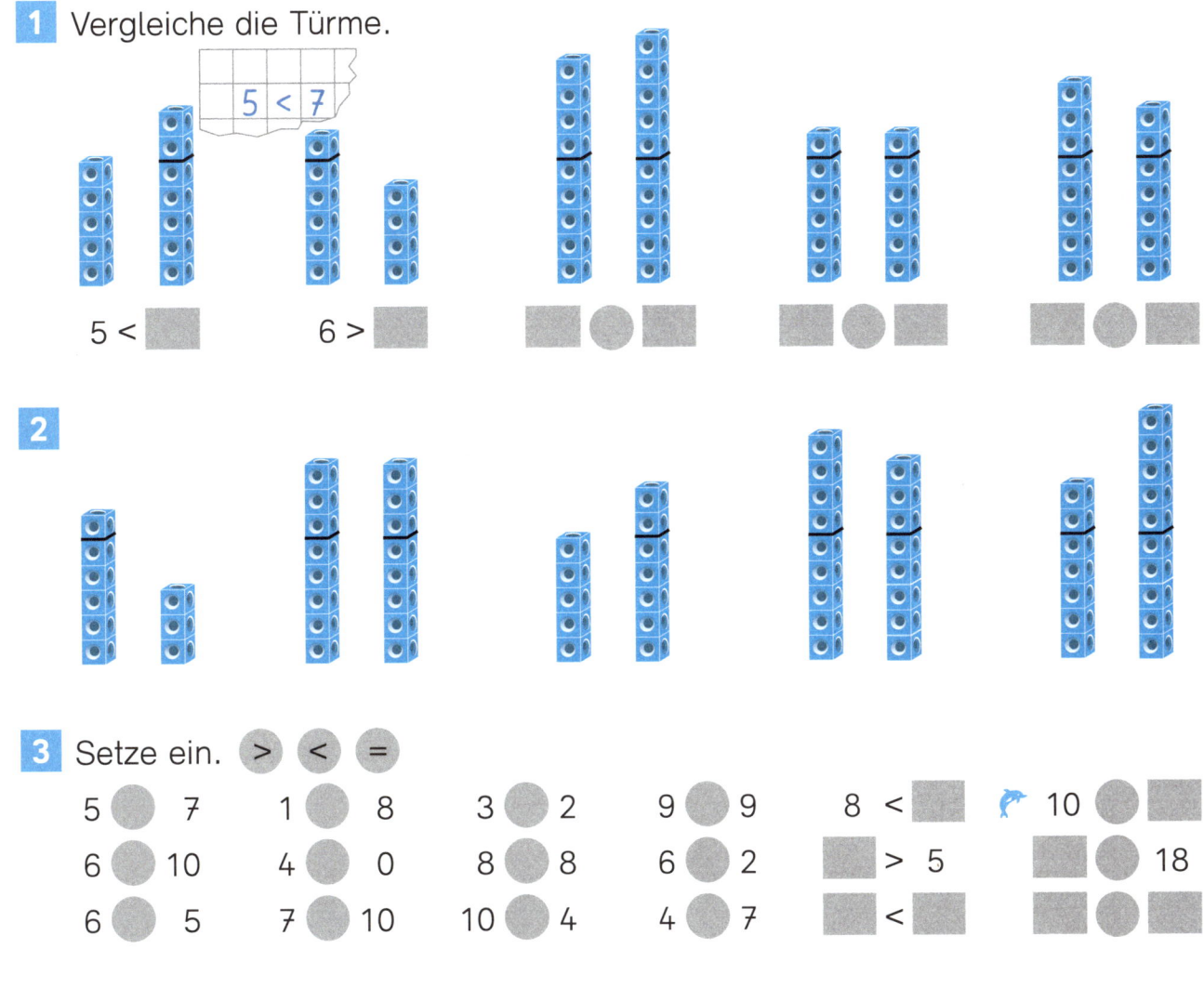

5 < 7

5 < ☐   6 > ☐   ☐ ○ ☐   ☐ ○ ☐   ☐ ○ ☐

2

3 Setze ein. > < =

5 ○ 7   1 ○ 8   3 ○ 2   9 ○ 9   8 < ☐   🐬 10 ○ ☐
6 ○ 10   4 ○ 0   8 ○ 8   6 ○ 2   ☐ > 5   ☐ ○ 18
6 ○ 5   7 ○ 10   10 ○ 4   4 ○ 7   ☐ < ☐   ☐ ○ ☐

4 5 ist kleiner als 7.   7 ist größer als 5.

Zahlen vergleichen

1 Vergleiche.

Was ist größer als 5?

9 > 5
6 >

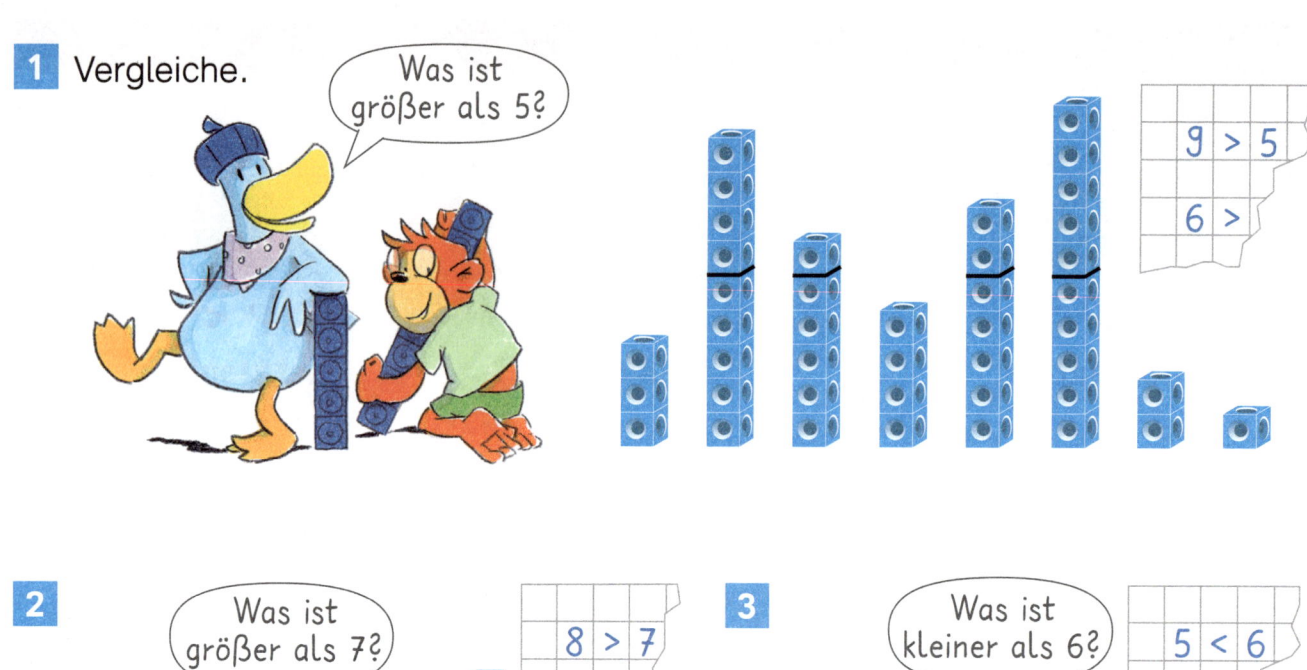

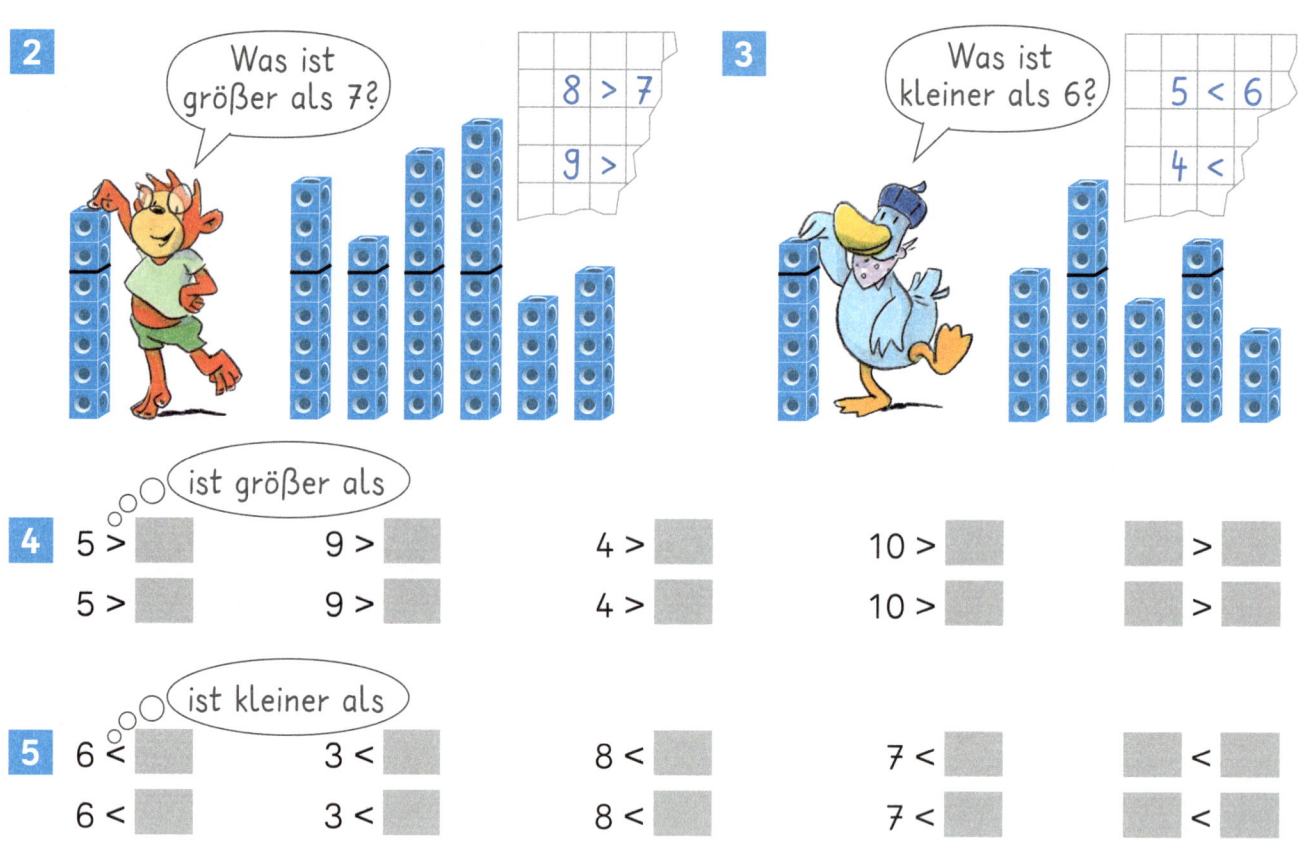

2 Was ist größer als 7?

8 > 7
9 >

3 Was ist kleiner als 6?

5 < 6
4 <

4 ist größer als

5 > ☐   9 > ☐   4 > ☐   10 > ☐   ☐ > ☐
5 > ☐   9 > ☐   4 > ☐   10 > ☐   ☐ > ☐

5 ist kleiner als

6 < ☐   3 < ☐   8 < ☐   7 < ☐   ☐ < ☐
6 < ☐   3 < ☐   8 < ☐   7 < ☐   ☐ < ☐

6 Finde viele Vergleiche.

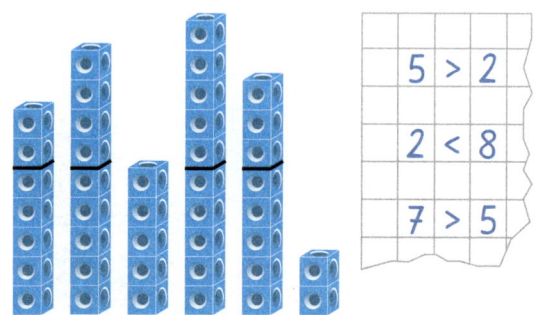

5 > 2
2 < 8
7 > 5

7 Forschen Schreibe viele Vergleiche auf.

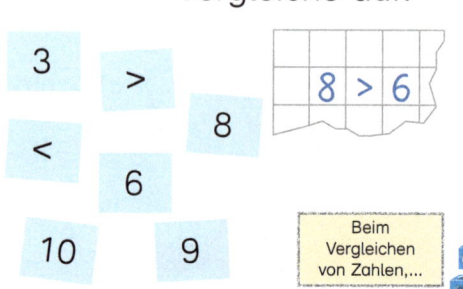

3   >   8
    <   6
10   9

8 > 6

Beim Vergleichen von Zahlen,...

24   AH 15

4 und 5 Offene Teilaufgaben. 4 bis 6 Die Sprechweise größer als bzw. kleiner als mit den Begriffen mehr bzw. weniger in Beziehung setzen.
6 und 7 Offene Aufgaben. 7 Forscherheft nutzen.

Wiederholung

1 Wie viele fahren nach links, wie viele nach rechts?

2 7 9 6 8 10 0

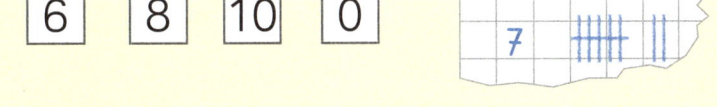

3 Scheibe die Zahlenreihen auf.

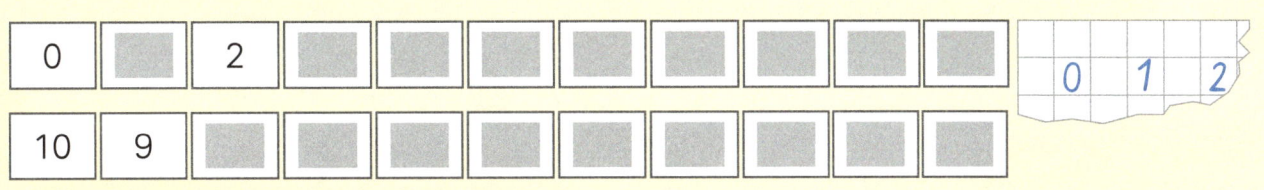

0		2								

10	9									

4 Finde Vorgänger und Nachfolger.

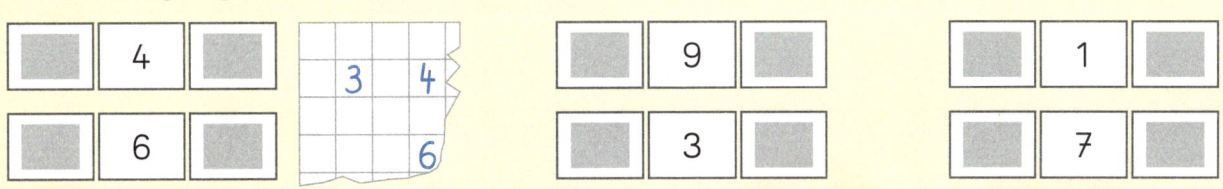

☐ 4 ☐   ☐ 9 ☐   ☐ 1 ☐
☐ 6 ☐   ☐ 3 ☐   ☐ 7 ☐

5 Zerlege.

4   7   6   10

6 Setze ein. > < =

7 ◯ 4   6 ◯ 6   10 ◯ 9   5 ◯ 6   ☐ < 10
5 ◯ 4   8 ◯ 6   9 ◯ 9   7 ◯ 8   7 < ☐
3 ◯ 5   5 ◯ 10   9 ◯ 7   6 ◯ 3   ☐ > ☐

7 ☐ > 5   3 < ☐   10 > ☐   ☐ > 0   ☐ < 7

7 Offene Aufgabe. Forscherheft nutzen.

Flächenformen in der Umwelt

> **Wortspeicher**
>
> **Flächenformen**
>
> ○ der **Kreis**   △ das **Dreieck**   ▭ das **Rechteck**   ▫ das **Quadrat**

1

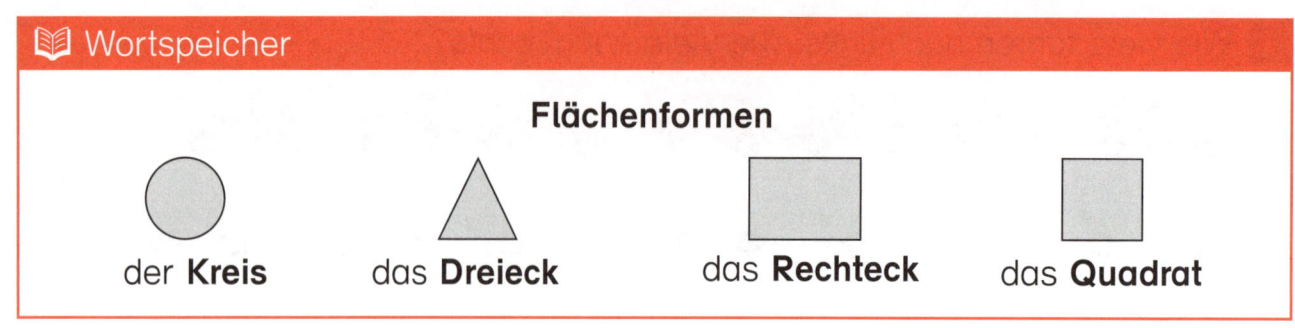

"Beides sind Vierecke."

2 Beschreibt die Flächenformen. Wie viele Schilder sind es jeweils?

3 Welche Verkehrszeichen können es sein?

Geometrische Flächenformen

1 Notiere die Anzahl der Formen.

2

3

4

1 bis 4 Anzahl der Flächenformen bestimmen und notieren.
Vierecke als Quadrate und Rechtecke unterscheiden. Diff.: Selbst Figuren mit Schablone zeichnen.

AH 17

27

Muster legen

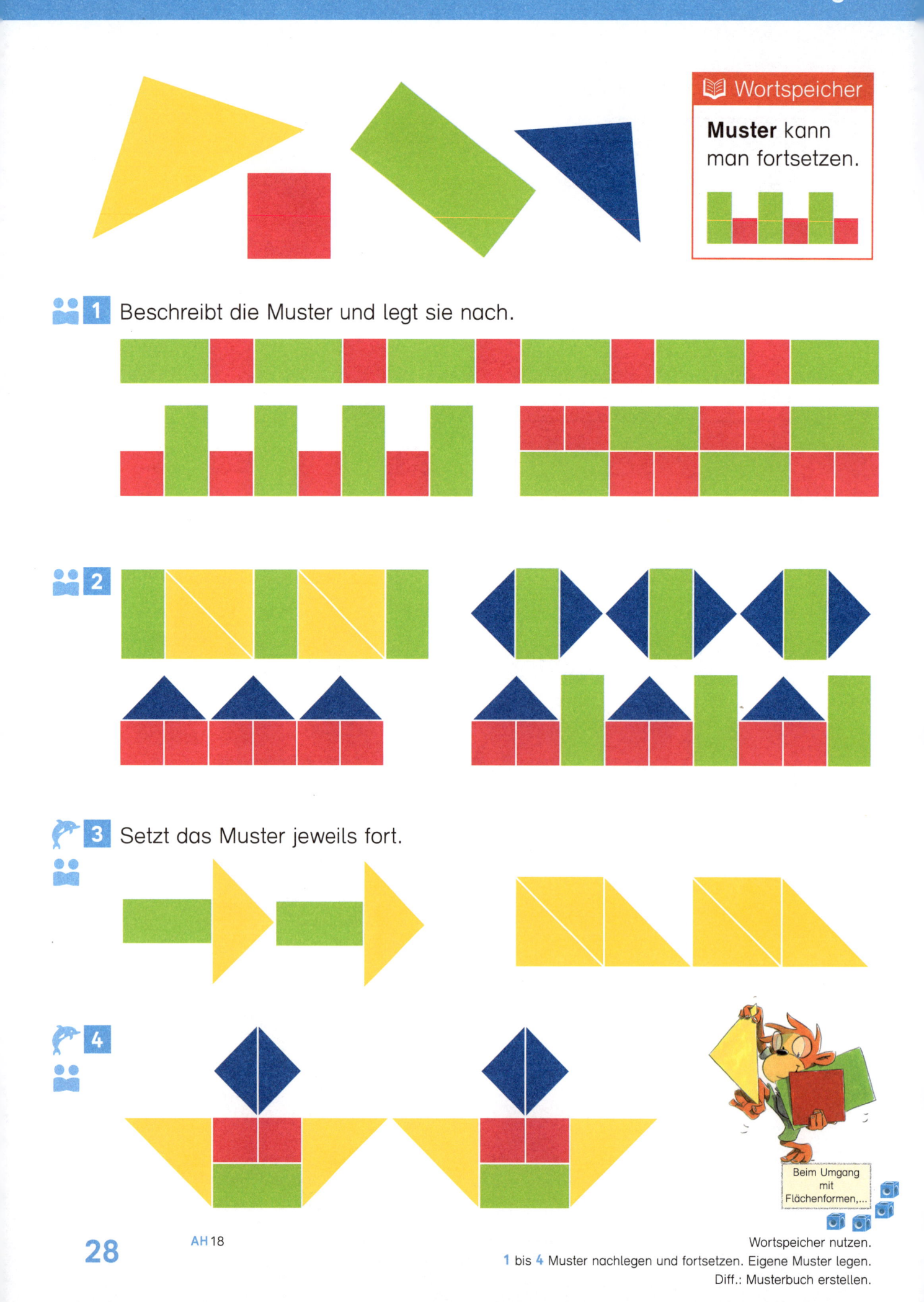

> **Wortspeicher**
> **Muster** kann man fortsetzen.

1 Beschreibt die Muster und legt sie nach.

2

3 Setzt das Muster jeweils fort.

4

Wortspeicher nutzen.
1 bis **4** Muster nachlegen und fortsetzen. Eigene Muster legen.
Diff.: Musterbuch erstellen.

Beim Umgang mit Flächenformen,...

Kombinieren

1 Welche Möglichkeiten gibt es, die drei Plättchen in eine Reihe zu legen? Probiere.

2 Schau, wie die Kinder die Plättchen angeordnet haben. Vergleicht und besprecht.

Paul

Mina

Johannes

3 Welche Möglichkeiten gibt es mit vier Plättchen? Lege. Besprecht eure Lösungen.

Beim Kombinieren...

4 Zähle vorwärts und rückwärts. Schreibe die Zahlenreihe auf.

0	1	2						

10	9	8						

2 Vorteile einer systematischen Darstellung besprechen. Fehler bei Mina thematisieren.

29

Kombi — Körperformen – Würfel, Quader, Kugel

Wortspeicher

Körperformen

der **Würfel**   der **Quader**   die **Kugel**

1 Überlege, wie die Kinder sortieren. Vergleicht und besprecht.

Altan   Ella   Lisa

2 Sucht in eurem Klassenzimmer Gegenstände, die aussehen wie Würfel, Quader oder Kugel. Macht eine Ausstellung.

3 Wie viele Bausteine werden verwendet?

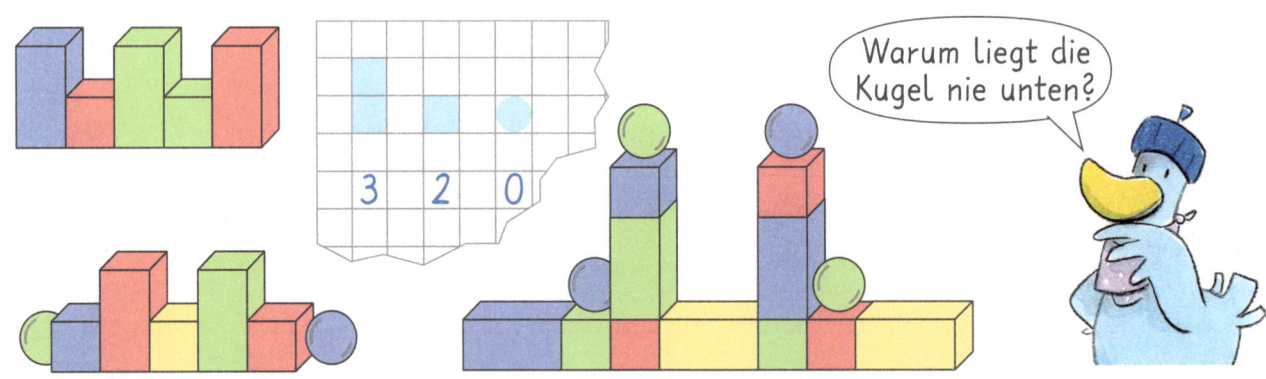

3 2 0

Warum liegt die Kugel nie unten?

Wortspeicher nutzen. Evtl. thematisieren, dass der Würfel ein besonderer Quader ist.
Die Seiten 30 und 31 können zum jahrgangskombinierten Arbeiten verwendet werden,
vgl. Denken und Rechnen Klasse 2, Seiten 30 und 31.

Bauen mit Körpern — Kombi

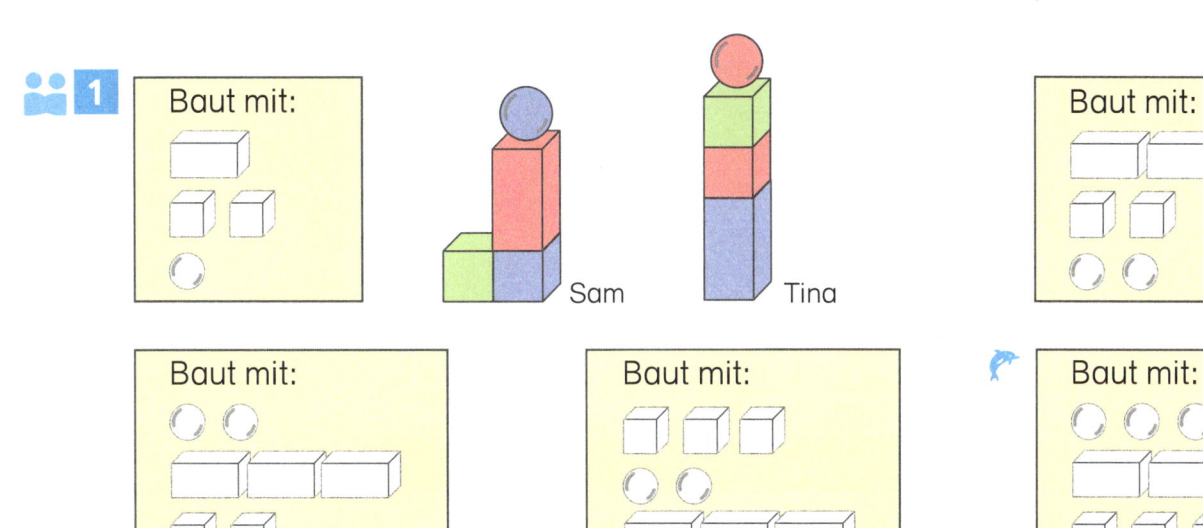

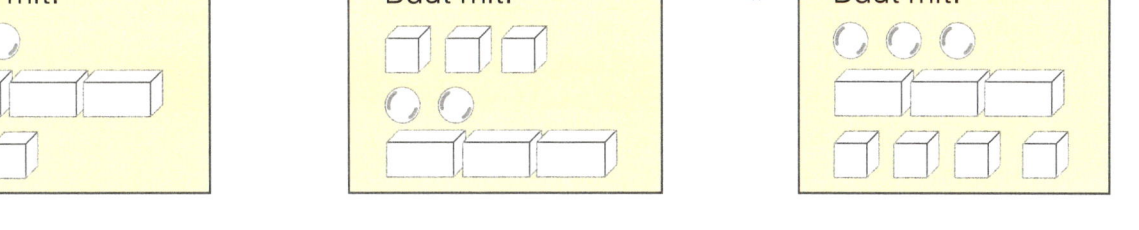

1 Baut mit: ...

2 Die Kinder haben gebaut. Erklärt die Fehler.

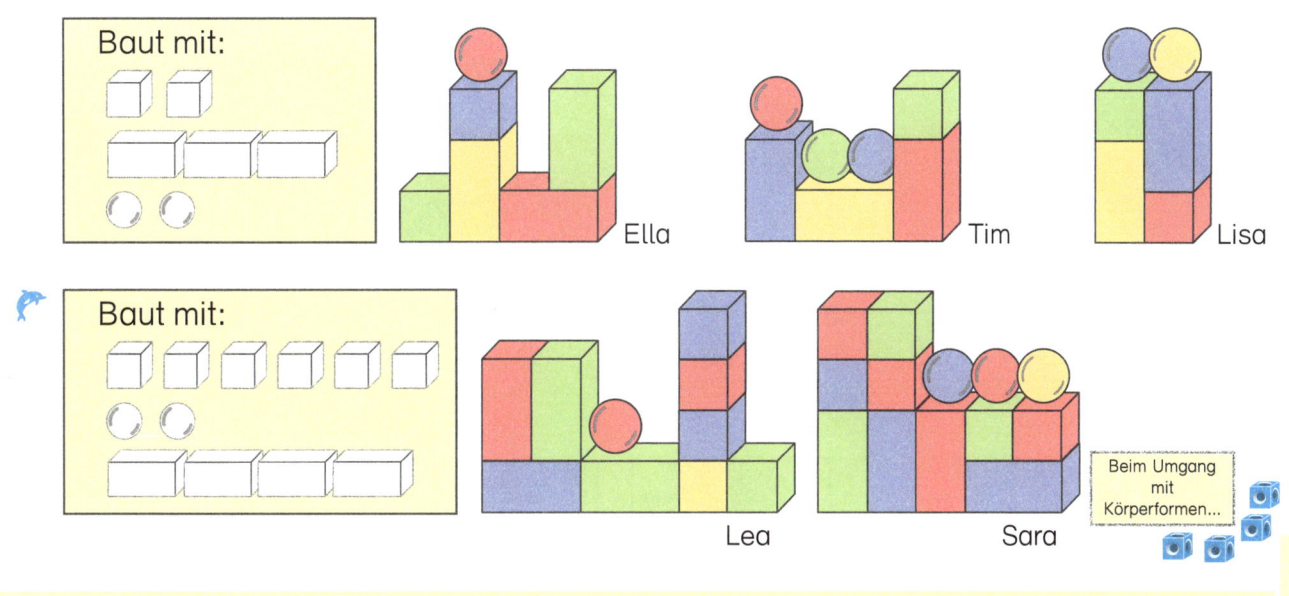

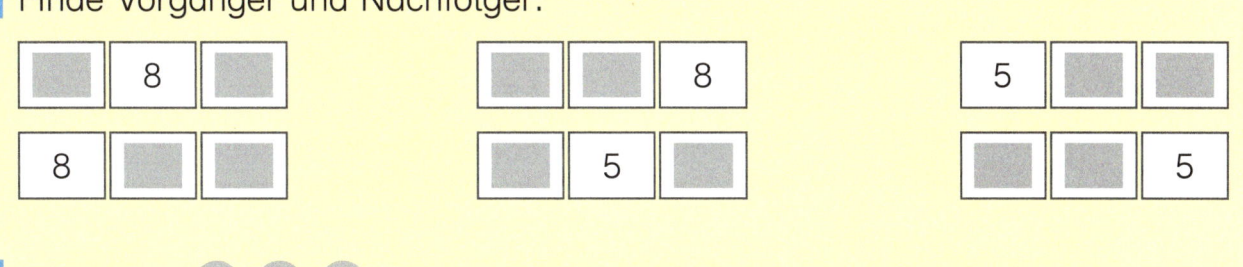

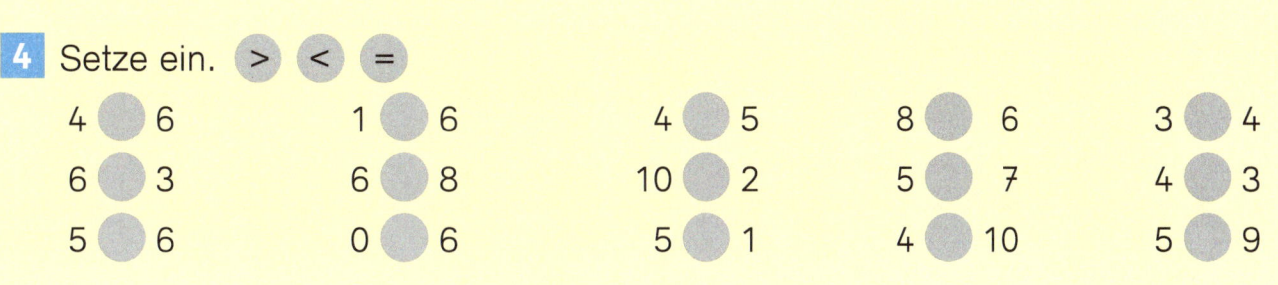

Ella   Tim   Lisa
Lea   Sara

Beim Umgang mit Körperformen...

3 Finde Vorgänger und Nachfolger.

| ☐ | 8 | ☐ |
| 8 | ☐ | ☐ |

| ☐ | ☐ | 8 |
| ☐ | 5 | ☐ |

| 5 | ☐ | ☐ |
| ☐ | ☐ | 5 |

4 Setze ein. > < =

4 ◯ 6   1 ◯ 6   4 ◯ 5   8 ◯ 6   3 ◯ 4
6 ◯ 3   6 ◯ 8   10 ◯ 2   5 ◯ 7   4 ◯ 3
5 ◯ 6   0 ◯ 6   5 ◯ 1   4 ◯ 10   5 ◯ 9

AH 19

31

Plusaufgaben

Wortspeicher

die **Plusaufgabe**

4 **+** 3 **=** 7

4 **plus** 3 **ist gleich** 7

1. Zahl   2. Zahl   Ergebnis

1

3 + 3 = ☐   5 + 3 = ☐

6 + 4 = ☐   3 + 4 = ☐

2 + ☐ = ☐   ☐ + ☐ = ☐

Wortspeicher nutzen.
1 Die Sachsituationen als Vorgang des Hinzufügens erkennen und sukzessive nach der Bildfolge beschreiben. Plusaufgaben ins Heft schreiben.

2

2 + 3 = ☐   3 + ☐ = ☐   ☐ + ☐ = ☐

3 Erzählt, zeichnet und rechnet.

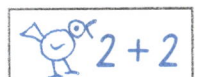

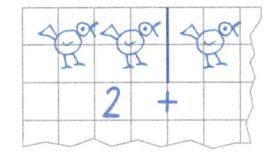

2 + 2   5 + 1   3 + 5   6 +   7 +   2 +

4 Zeichne und rechne eigene Plusaufgaben.

2 Jeweils die ersten beiden Bilder beschreiben und das fehlende Bild verbalisieren. Rechnung notieren.   AH 20
3 Bei offenen Aufgaben zweite Zahl frei wählen.
4 Offene Aufgabe. Forscherheft nutzen.

Plusaufgaben am Zehnerfeld

1 "fünf" / "zwei dazu" / "zusammen sieben"

5 + 2 = ☐

2 Lege und rechne.

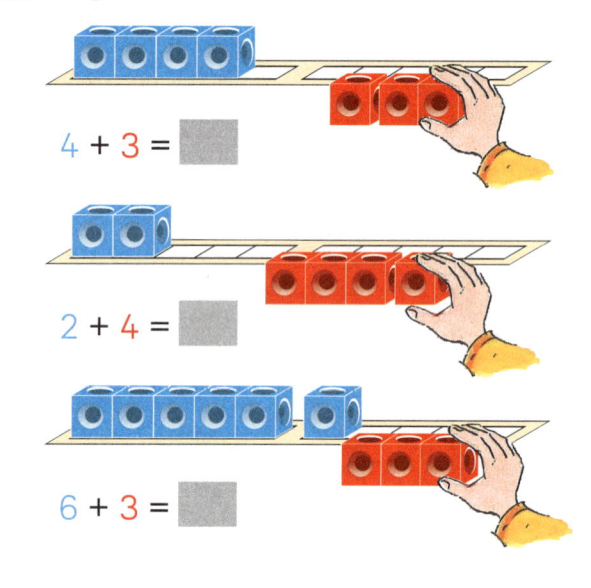

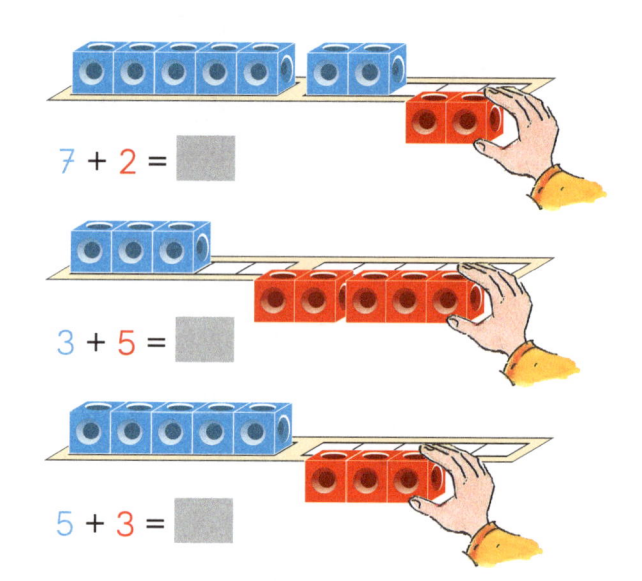

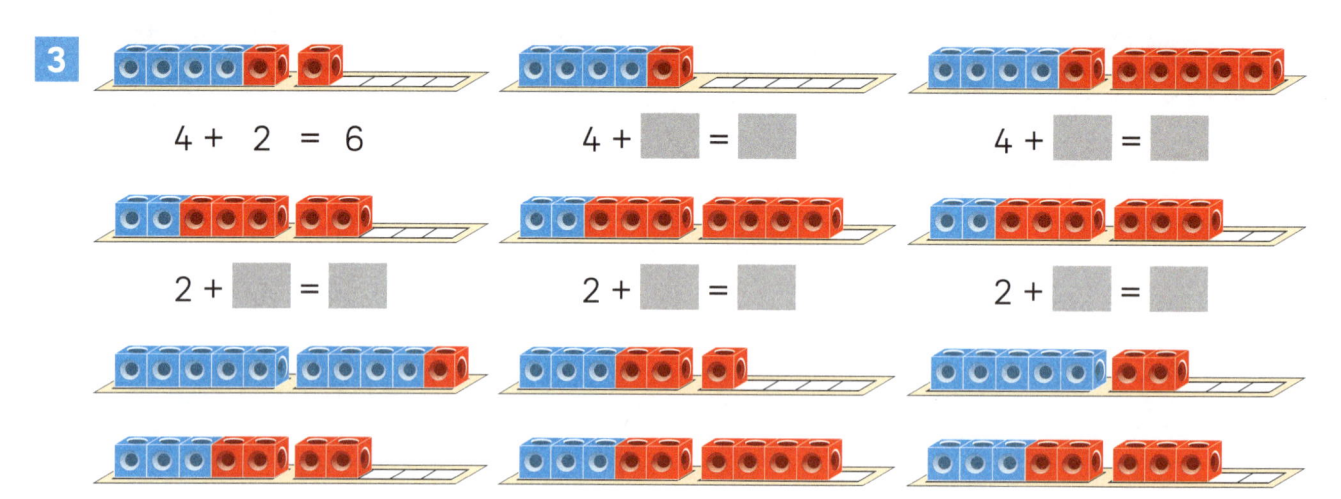

4 + 3 =   7 + 2 =
2 + 4 =   3 + 5 =
6 + 3 =   5 + 3 =

3
4 + 2 = 6   4 + ☐ = ☐   4 + ☐ = ☐
2 + ☐ = ☐   2 + ☐ = ☐   2 + ☐ = ☐

4 Lege und rechne.

2 + 1 =   7 + 3 =   5 + 3 =   4 + 5 =   8 + 2 =
2 + 2 =   7 + 2 =   5 + 4 =   4 + 4 =   8 + 1 =
2 + 3 =   7 + 1 =   5 + 5 =   4 + 3 =   8 + 0 =

34

Tauschaufgaben

1 Schau, wie die Kinder rechnen. Vergleicht und besprecht.

Ich rechne 6 + 3.
Ich rechne aber 3 + 6.

> 📖 **Wortspeicher**
>
> **Tauschaufgaben**
>
> 6 + 3 = 9   Tausche die 1. und die 2. Zahl.
>
> 3 + 6 = 9   Das Ergebnis bleibt gleich.

2

4 + 5 =   5 + 4 =   2 + 7 =   7 + 2 =

7 + 3 =   3 + 7 =   1 + 8 =   8 + 1 =

3 Zeichne Aufgabe und Tauschaufgabe. Rechne.

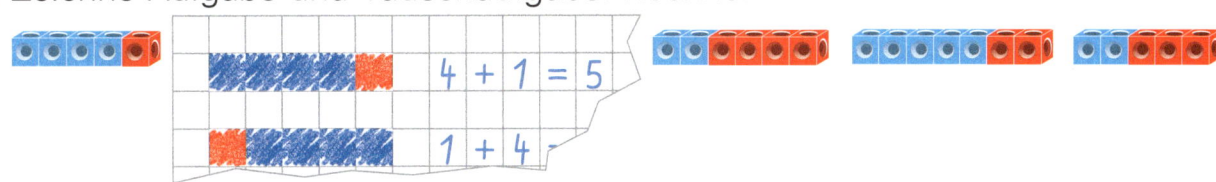

4 + 1 = 5
1 + 4 =

4 Schreibe Aufgabe und Tauschaufgabe.

3 + 1 =   2 + 3 =   7 + 1 =   2 + 7 =   5 + 4 =
1 + 5 =   4 + 2 =   1 + 8 =   1 + 9 =   3 + 6 =

5 Nenne eine Plusaufgabe. Dein Partner sagt das Ergebnis und die Tauschaufgabe.

3 + 4
3 + 4 = 7
4 + 3 = 7

Gleichungen – Ergänzen

1 Wie viele Kinder kommen immer dazu?

3 + ☐ = 5

3 + ☐ = 6

5 + ☐ = 5

Zusätzliche Aufgaben zum Üben. Sie sind nicht schwer.

2

4 + ☐ = 5	5 + ☐ = 9	3 + ☐ = 4	🐝 9 + ☐ = 9
4 + ☐ = 6	5 + ☐ = 6	3 + ☐ = 7	6 + ☐ = 9
4 + ☐ = 7	5 + ☐ = 7	3 + ☐ = 8	4 + ☐ = 9
4 + ☐ = 8	5 + ☐ = 10	3 + ☐ = 10	1 + ☐ = 9

3

7 + ☐ = 7	0 + ☐ = 9	2 + ☐ = 4	🐝 4 + ☐ = 10
1 + ☐ = 5	5 + ☐ = 9	0 + ☐ = 8	2 + ☐ = 9
3 + ☐ = 6	7 + ☐ = 10	7 + ☐ = 9	1 + ☐ = 7

AH 22   2 und 3 Aufgaben evtl. auf dem Zehnerfeld legen und mit der Tauschaufgabe prüfen.

Aufgabenmuster – Starke Päckchen

1 Was fällt euch auf?

starke Päckchen

"Hier bleibt die erste Zahl immer gleich."

3 + 1 =
3 + 2 =
3 + 3 =
3 + 4 =
3 + ⬜ =
3 + ⬜ =

"Die zweite Zahl wird immer um 1 größer. Deshalb wird das Ergebnis auch immer um…"

2 Rechne. Setze fort.

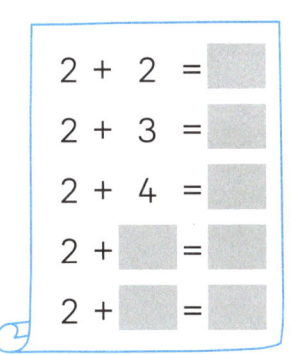

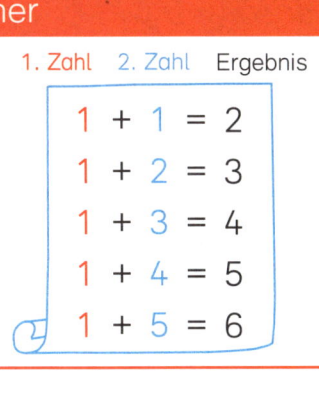

2 + 2 =	1 + 5 =	2 + 4 =	4 + 0 =
2 + 3 =	1 + 6 =	3 + 4 =	5 + 0 =
2 + 4 =	1 + 7 =	4 + 4 =	6 + 0 =
2 + ⬜ =	⬜ + ⬜ =	⬜ + ⬜ =	⬜ + ⬜ =
2 + ⬜ =	⬜ + ⬜ =	⬜ + ⬜ =	⬜ + ⬜ =

3

5 + 5 =	6 + 0 =
5 + 4 =	5 + 1 =
5 + 3 =	4 + 2 =
5 + ⬜ =	3 + ⬜ =
5 + ⬜ =	⬜ + ⬜ =

📖 Wortspeicher

Starke Päckchen kann man fortsetzen.

1. Zahl	2. Zahl	Ergebnis
1 +	1	= 2
1 +	2	= 3
1 +	3	= 4
1 +	4	= 5
1 +	5	= 6

4 Welche Aufgaben passen nicht? Begründet.

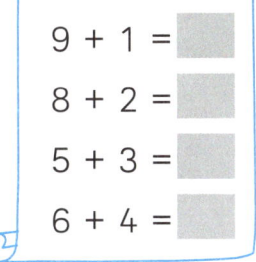

0 + 4 =	2 + 8 =	10 + 0 =	1 + 9 =
1 + 4 =	3 + 7 =	9 + 1 =	3 + 7 =
2 + 4 =	4 + 5 =	8 + 2 =	5 + 5 =
3 + 4 =	5 + 5 =	5 + 3 =	7 + 2 =
5 + 4 =	6 + 4 =	6 + 4 =	9 + 1 =

Beim Plusrechnen…

Wortspeicher nutzen.
1 bis **3** „Starke Päckchen": Dem Partner beschreiben, wie sich die Zahlen und das Ergebnis verändern.

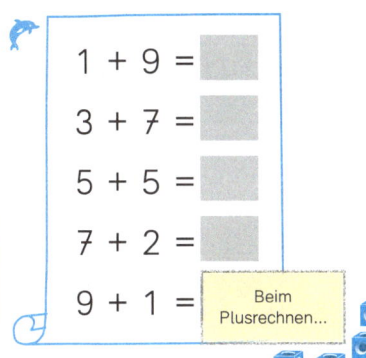

Sachsituationen – Plusaufgaben bis 10

1 Erzählt und rechnet.

| A | 3 + 1 = 4 |

- A Autos
- B Besucher
- C Papageien
- D Bären
- E Löwen
- F Kinder
- G Flamingos
- H Enten
- I Spatzen
- J Elefanten
- K Pinguine

1 Zu den Bildern erzählen und rechnen.

2 A 2 + 4 =

A Leoparden
B Ziegen 
C Robben 
D Kaninchen 

3 Welche Aufgabe passt zum Bild? Begründet und rechnet.

A Lamas

4 + 2   6 + 2
8 + 2   6 + 3

B Giraffen

3 + 3   5 + 2
1 + 4   2 + 3

C Affen

2 + 1   5 + 2
6 + 3   3 + 5

D Eisbären

6 + 1   3 + 4
1 + 5   3 + 6

Beim Lösen von Rechengeschichten...

2 Rechnungen zum Bild finden und lösen.
3 Passende Rechnung auswählen. Diff.: Bilder malen und dazu passende Gleichungen schreiben.

Zufall und Wahrscheinlichkeit

1 Sprecht über das Bild. Wie sind bei Ida die Münzen gefallen?

Ich werfe drei Münzen. — Luca

Zweimal Bild, einmal Zahl. — Tom

Ida

2 Probiere und male.   Besprecht eure Lösungen.

Wie können die Münzen fallen?

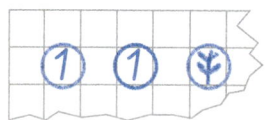

3 Probiere oft und mache eine Strichliste. Vergleicht und besprecht.

4 Forschen — Wie können 4 Münzen fallen? Probiere und male alle Möglichkeiten.

5 Forschen — Wie können 5 und 6 Münzen fallen?

40

1 und 2 Spielsituation besprechen. Notieren wie die Münzen fallen können.
3 Häufigkeiten in einer Strichliste notieren. Gruppenergebnisse notieren und vergleichen.
4 und 5 Forscherheft nutzen.

Euro und Cent – Münzen und Scheine

1 Lege die Münzen und Scheine und ordne sie nach ihrem Wert. Vergleicht und besprecht.

Das sind Euro.

Das sind Cent.

Wortspeicher

€ bedeutet **Euro**
ct bedeutet **Cent**

2 Wer hat jeweils mehr Geld?

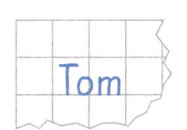

Tim 1ct	Tom 2€
Mina 10€	Till 5€
Mona 10ct	Tom 10€

Tom

Luis 2€	Fabio 10ct
Lea 1ct	Nina 5ct
Paul 10ct	Rieke 5€
Nina 20ct	Luca 1ct

3 Kostet es 2 ct oder 2 €?

A: Klebefix – 2ct, 2€
B: Schere – 5€, 10ct
A 2€
B

C: Buntstifte – 5€, 5€
D: Brause – 2€, 2ct
E: Farbkasten – 10€, 1€
F: Lolli – 5€, 5€

Wortspeicher nutzen.
1 Den Begriff Wert klären. Über eigene Erfahrungen mit Geld, z. B. Taschengeld sprechen.
3 Auf Preise von Gegenständen beim Einkaufen achten.

AH 26

Euro

1 Wie viel Geld haben die Kinder?

Tina 1 € 1 € 1 € 1 €

Luca 2 € 1 € 1 € 1 €

Tom 5 € 1 € 1 €

Erna 2 € 2 € 2 € 1 €

Leon 5 € 2 € 2 €

Isa 1 € 1 € 1 € 1 € 1 €

Tina hat 4 €.
Luca hat

2 Was können sich die Kinder kaufen?

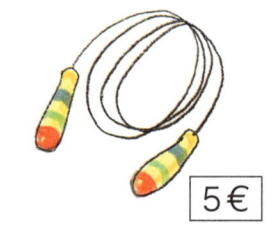

Malte   Mara   Max

2 €   10 €   5 €   1 €

3 Wie kannst du bezahlen?
Lege und zeichne verschiedene Möglichkeiten. Besprecht eure Lösungen.

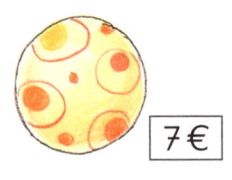

7 €   4 €   5 €

| 7 € | 5 € | ②€ |
| 7 € | 5 € | ○ ○ |

4 Forschen Wie viel Geld könnte es sein?

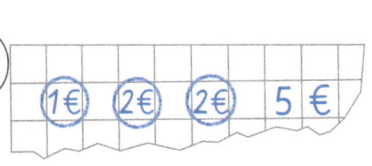

Marius: Ich habe 3 Euro-Münzen.

1€ 2€ 2€ 5 €

Lina: Ich habe 5 Euro-Münzen.

42 AH 26; 27   4 Evtl. mit Rechengeld legen. Forscherheft nutzen.

Cent

1 Wie viel Geld haben die Kinder?

Ole	1 1 1	Ole hat 3 ct.	Tim	5 5
Lisa	1 1 1 1		Lea	5 5 1
Elsa	5 1		Emma	5 2 1
Mona	5 1 1 1		Kemal	5 2 2
Erem	2 2 1		Maria	5 1 2 2

2 Wie kannst du bezahlen? Lege und zeichne verschiedene Möglichkeiten.

6 ct   3 ct   8 ct   🐬 15 ct   6 ct 2ct 2ct 2ct 5ct ○

3 Lege immer genau drei Münzen. Zeichne.

4 ct   5 ct   7 ct   9 ct   🐬 13 ct   4 ct 2ct 1ct ○
                                              5 ct ○   ○   ○

4 Forschen Nimm immer zwei von diesen Münzen. Wie viel Cent können es sein?

5 5 2 2 1 1

2ct 1ct 3 ct
○   ○

Ich habe das meiste Geld. — Tina

Ich habe das wenigste Geld. — Lea

| Tina | ○ | ○ | ct |
| Lea | ○ | ○ | |

Aufgaben zum Nachdenken und Probieren

5 Knobeln Welche Aussage kann stimmen?

- Ich habe 8 ct mit vier Münzen gelegt. — Nina
- Ich habe 7 ct mit einer Münze gelegt. — Stefan
- Ich habe 5 ct mit zwei Münzen gelegt. — Theresa
- Ich habe 9 ct mit drei Münzen gelegt. — Altan

Beim Umgang mit Euro und Cent...

4 Forscherheft nutzen.
4 und 5 Evtl. mit Rechengeld legen.

Minusaufgaben

Wortspeicher

die **Minusaufgabe**

6 **−** 4 **=** 2

6 **minus** 4 **ist gleich** 2

1. Zahl   2. Zahl   Ergebnis

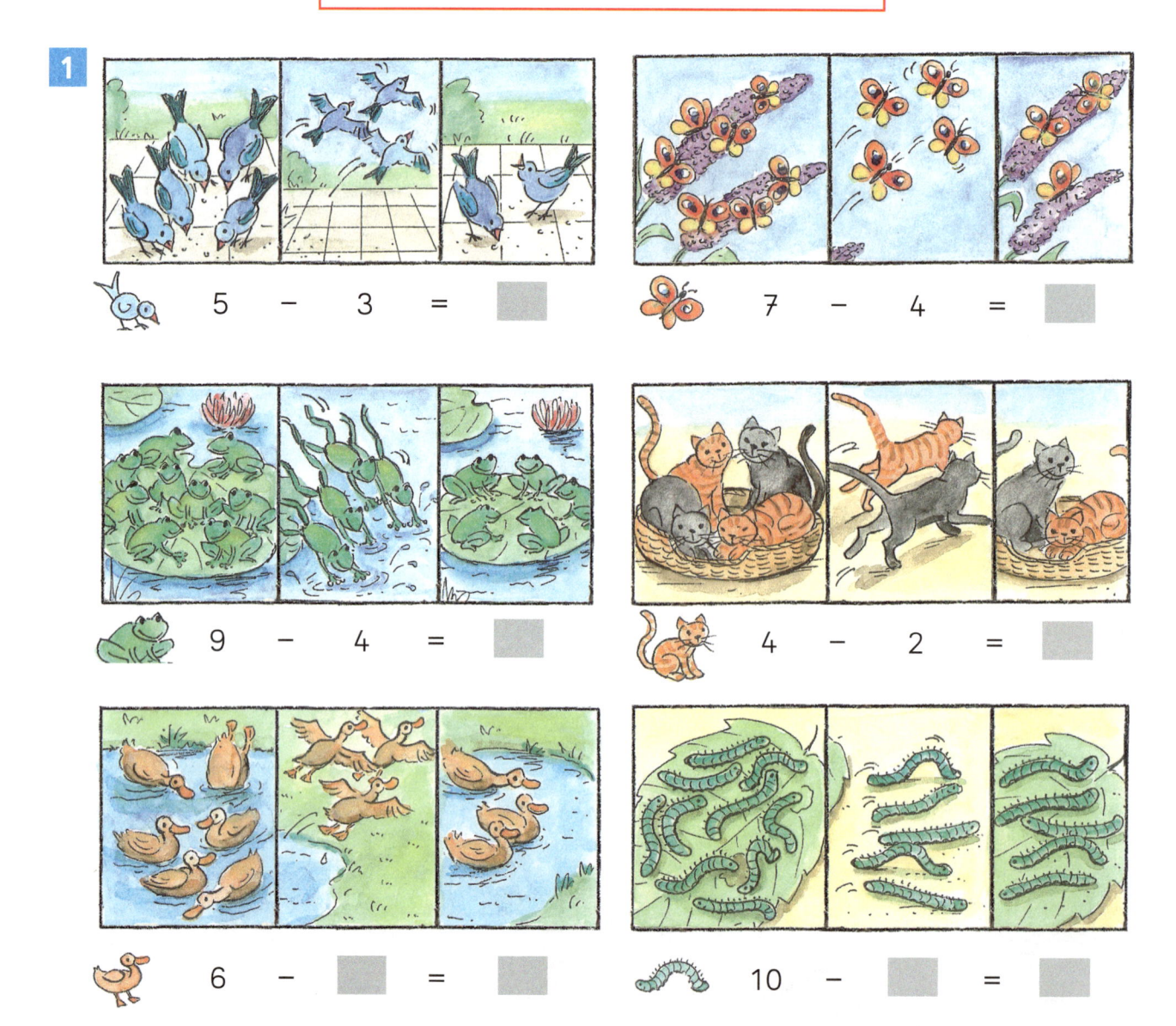

1

5 − 3 = ☐

7 − 4 = ☐

9 − 4 = ☐

4 − 2 = ☐

6 − ☐ = ☐

10 − ☐ = ☐

44   AH 28

Wortspeicher nutzen.
1 Die Sachsituationen als Vorgang des Wegnehmens erkennen und sukzessive nach der Bildfolge beschreiben. Minusaufgaben ins Heft schreiben.

2

7 − 2 =

10 − 4 =

3

4 Erzählt, zeichnet und rechnet.

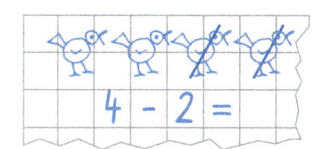

4 − 2   6 − 2   7 − 4   8 − 5   4 − 2 =

5 Zeichne und rechne eigene Minusaufgaben.

2 und 3 Die beiden Bilder beschreiben und fehlendes Bild verbalisieren. Rechnung notieren. AH 28
5 Offene Aufgabe. Forscherheft nutzen.

Minusaufgaben am Zehnerfeld

1 „sieben" „zwei weg" „fünf übrig"

7 − 2 =

2 Lege und rechne.

5 − 1 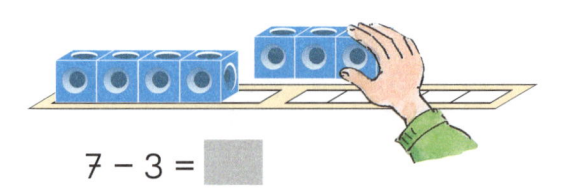 =   7 − 3 =

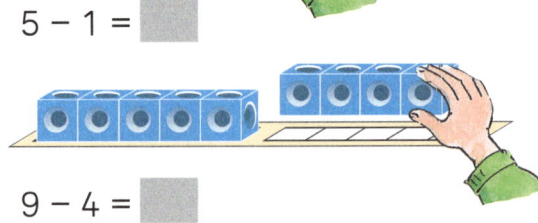

9 − 4 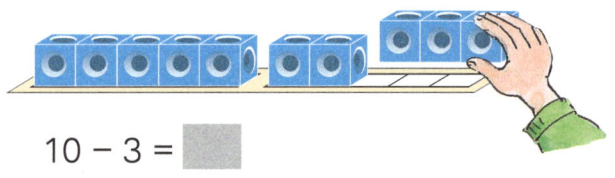 =   10 − 3 =

3

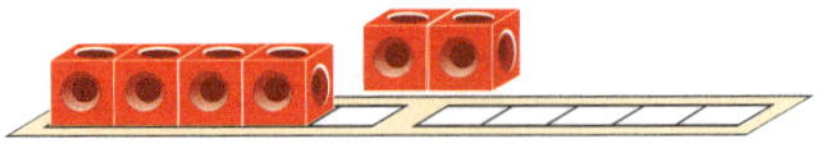

6 − 2 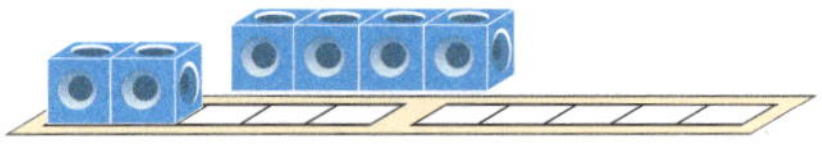 =   6 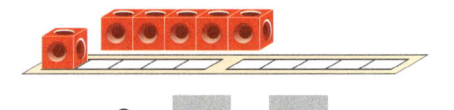 − ☐ = ☐   6 − ☐ = ☐

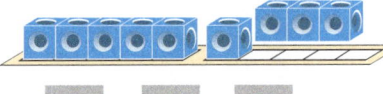

☐ − ☐ = ☐   ☐ − ☐ = ☐   ☐ − ☐ = ☐

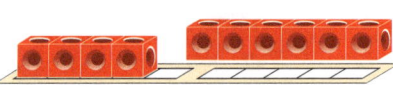

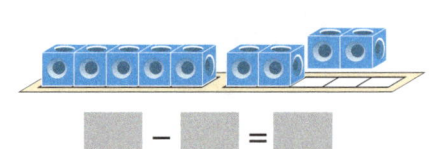

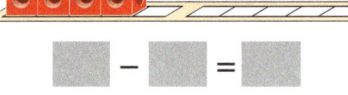

4 Lege und rechne.

4 − 3 =   8 − 0 =   7 − 1 =   6 − 2 =   9 − 3 =
4 − 1 =   8 − 1 =   7 − 4 =   6 − 5 =   9 − 4 =
4 − 2 =   8 − 8 =   7 − 2 =   6 − 3 =   9 − 5 =

5 Forschen Schreibe starke Päckchen. Setze fort.

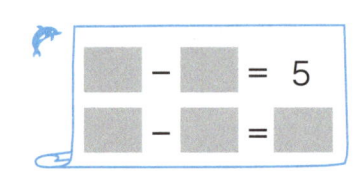

9 − 1 =   7 − ☐ =   ☐ − ☐ = 5
9 − ☐ =   7 − ☐ =   ☐ − ☐ = ☐

Aufgabenreihen mit minus

1

0–0										
1–0	1–1									
2–0	2–1	2–2								
3–0	3–1	3–2	3–3							
4–0	4–1	4–2	4–3	4–4						
5–0	5–1	5–2	5–3	5–4	5–5					
6–0	6–1	6–2	6–3	6–4	6–5	6–6				
7–0	7–1	7–2	7–3	7–4	7–5	7–6	7–7			
8–0	8–1	8–2	8–3	8–4	8–5	8–6	8–7	8–8		
9–0	9–1	9–2	9–3	9–4	9–5	9–6	9–7	9–8	9–9	
10–0	10–1	10–2	10–3	10–4	10–5	10–6	10–7	10–8	10–9	10–10

Was fällt dir auf? Erkläre, wie die Aufgaben angeordnet sind. Vergleicht und besprecht.

Von oben nach unten, von links nach rechts...

2 Finde immer den passenden Ausschnitt. Rechne.

5 – 2 =
6 – 2 =
7 – 2 =
8 – 2 =
9 – 2 =

4 – 3 =
5 – 3 =
6 – 3 =
☐ – ☐ =
☐ – ☐ =

6 – 5 =
7 – 5 =
8 – ☐ =
☐ – ☐ =
☐ – ☐ =

6 – 6 =
7 – 6 =
8 – ☐ =
☐ – ☐ =
☐ – ☐ =

3
9 – 3 =   9 – 4 =   9 – ☐ =   9 – ☐ =

7 – 4 =   7 – 5 =   7 – ☐ =   7 – ☐ =

4 Wählt eigene Ausschnitte. Rechnet.

1 Muster und Gesetzmäßigkeiten erkennen und beschreiben.
2 und 3 Entsprechende Ausschnitte im Feld finden.
4 Offene Aufgabe. Forscherheft nutzen.

Gleichungen mit minus

1

6 − ▢ = 2

8 − ▢ = 5

10 − ▢ = 4

2
8 − ▢ = 7	6 − ▢ = 4	9 − ▢ = 7	10 − ▢ = 2
8 − ▢ = 4	6 − ▢ = 3	9 − ▢ = 4	10 − ▢ = 1
8 − ▢ = 0	6 − ▢ = 2	9 − ▢ = 6	10 − ▢ = 0

3
5 − ▢ = 5	10 − ▢ = 5	8 − ▢ = 2	7 − ▢ = 7
5 − ▢ = 4	8 − ▢ = 5	3 − ▢ = 0	9 − ▢ = 7
5 − ▢ = 3	9 − ▢ = 5	4 − ▢ = 4	10 − ▢ = 7

4 Forschen Wie viele passende Aufgaben gibt es? Begründe.

8 − ▢ = ▢   Versuche es mit einer anderen Zahl.

Beim Minusrechnen...

2 und 3 Aufgaben evtl. auf dem Zehnerfeld legen.
4 Forscherheft nutzen.

Nachbaraufgaben

📖 Wortspeicher

6 + 2 = 8	5 + 3 = 8
6 + 3 = 9	6 + 3 = 9
6 + 4 = 10	7 + 3 = 10

Jede Aufgabe hat **4 Nachbaraufgaben**.

Eine Zahl bleibt gleich.
Eine Zahl verändert sich um 1.

1 Rechne erst die Aufgabe, dann die Nachbaraufgaben.

4 + 4 = ☐   3 + 5 = ☐   2 + 5 = ☐   1 + 6 = ☐
4 + 5 = 9   4 + 5 = ☐   2 + 6 = ☐   2 + 6 = ☐
4 + 6 = ☐   5 + 5 = ☐   2 + 7 = ☐   3 + 6 = ☐

3 + 3 = ☐   2 + 4 = ☐   ☐ + ☐ = ☐   ☐ + ☐ = ☐
3 + 4 = ☐   3 + 4 = ☐   5 + 3 = ☐   5 + 3 = ☐
3 + ☐ = ☐   ☐ + ☐ = ☐   5 + ☐ = ☐   6 + ☐ = ☐

2

9 − 2 = ☐   8 − 3 = ☐   7 − 4 = ☐   6 − 5 = ☐
9 − 3 = ☐   9 − 3 = ☐   7 − 5 = ☐   7 − 5 = ☐
9 − 4 = ☐   10 − 3 = ☐   7 − 6 = ☐   8 − 5 = ☐

8 − 1 = ☐   7 − 2 = ☐   ☐ − ☐ = ☐   5 − 4 = ☐
8 − 2 = ☐   8 − 2 = ☐   6 − 4 = ☐   6 − 4 = ☐
8 − ☐ = ☐   ☐ − 2 = ☐   6 − 5 = ☐   ☐ − ☐ = ☐

3

8 − 4 = ☐   ☐ − 5 = ☐   ☐ − ☐ = ☐   ☐ − ☐ = ☐
8 − 5 = ☐   8 − 5 = ☐   7 − 1 = ☐   7 − 1 = ☐
☐ − ☐ = ☐   ☐ − ☐ = ☐   7 − ☐ = ☐   8 − ☐ = ☐

Wortspeicher nutzen.
Nachbaraufgaben: Dem Partner beschreiben, wie sich die Zahlen und das Ergebnis verändern.

Umkehraufgaben

1

Wortspeicher			
Aufgabe	5 + 4 = 9	Aufgabe	9 − 3 = 6
Umkehraufgabe	9 − 4 = 5	Umkehraufgabe	6 + 3 = 9

2

6 + 3 =   2 + 4 =   1 + 6 =   4 + 5 =
9 − 3 =   6 − 4 =   7 − 6 =   9 − 5 =

3 + 4 =   5 + 2 =   4 + 6 =   10 + 0 =
☐ − ☐ =   ☐ − ☐ =   ☐ − ☐ =   ☐ − ☐ =

3

8 − 2 =   9 − 5 =   6 − 6 =   7 − 5 =
6 + 2 =   4 + 5 =   0 + 6 =   2 + 5 =

5 − 4 =   8 − 7 =   4 − 2 =   9 − 6 =
☐ + ☐ =   ☐ + ☐ =   ☐ + ☐ =   ☐ + ☐ =

4 Nenne eine Plus- oder eine Minusaufgabe. Dein Partner nennt das Ergebnis und die Umkehraufgabe.

5 − 2

5 − 2 = 3
3 + 2 = 5

50

Aufgabenfamilien

1 Forschen Welche Aufgaben kannst du mit diesen drei Zahlen rechnen?

3 5 2

3 + 2 = ☐
☐ − ☐ = ☐
☐ + ☐ = ☐
☐ − ☐ = ☐

Das sind Aufgabe, Tauschaufgabe und ihre Umkehraufgaben.

> **Wortspeicher**
>
> die **Aufgabenfamilie**
>
> 7 4 3
>
> 4 + 3 = 7
> 7 − 3 = 4
> 3 + 4 = 7
> 7 − 4 = 3

2 Schreibe jeweils die Aufgabenfamilie.

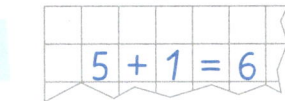

5 1 6   5 + 1 = 6   6 10 4   7 9 2

2 6 4   10 3 7   6 9 3   3 8 5

3 Welche Aufgaben fehlen jeweils?
Schreibe die vollständigen Aufgabenfamilien in dein Heft.

Peter	Rica	Anne	Jan
5 + 2 = 7	9 − 5 = 4	6 − 5 = 1	8 + 2 = 10
2 + 5 = 7	5 + 4 = 9	5 + 1 = 6	10 − 2 = 8
7 − 5 = 2	9 − 4 = 5		

4 Forschen Schreibe die Aufgabenfamilien. Was fällt dir auf?

2 4 2   8 4 4   5 5 10   3 6 3

5 Forschen Schreibe jeweils eine Aufgabenfamilie.
Es gibt immer zwei Möglichkeiten.

4 3   6 4   3 2   3 1

6 Forschen Schreibe Aufgabenfamilien.

10   3   ☐   ☐

Bei den Aufgabenfamilien...

Wortspeicher nutzen.
1, 4, 5 und 6 Forscherheft nutzen.
5 Diff.: Beide Aufgabenfamilien schreiben. 6 Offene Aufgabe.

Kombi Sachsituationen – Plus- und Minusaufgaben bis 10

1 Erzählt und rechnet.

A Erwachsene

A 4 − 2 =

B Kinder

C Schilfrohre

D Hasen

E Personen

F Rotkehlchen

G Enten

52 AH 34; 35

1 Zu den Bildern erzählen. Plus- und Minusaufgaben finden und begründen.
Die Seiten 52 und 53 können zum jahrgangskombinierten Arbeiten verwendet werden,
vgl. Denken und Rechnen Klasse 2, Seiten 52 und 53.

Kombi

2 Welche Aufgabe passt zum Bild? Begründet und rechnet.

	A		B		C
	8 + 2		5 – 2		4 – 3
	6 + 2		7 + 2		3 + 4
	6 – 2		7 – 5		7 + 3

	D		E		F
	5 + 4		6 + 2		5 – 2
	5 – 4		5 – 3		2 + 5
	9 – 2		8 – 3		7 + 2

	G		H		I
	3 – 1		9 – 6		9 – 3
	5 + 3		6 – 3		9 + 2
	4 – 3		3 + 3		9 + 3

3 Welches Bild passt zur Aufgabe? Begründet und rechnet.

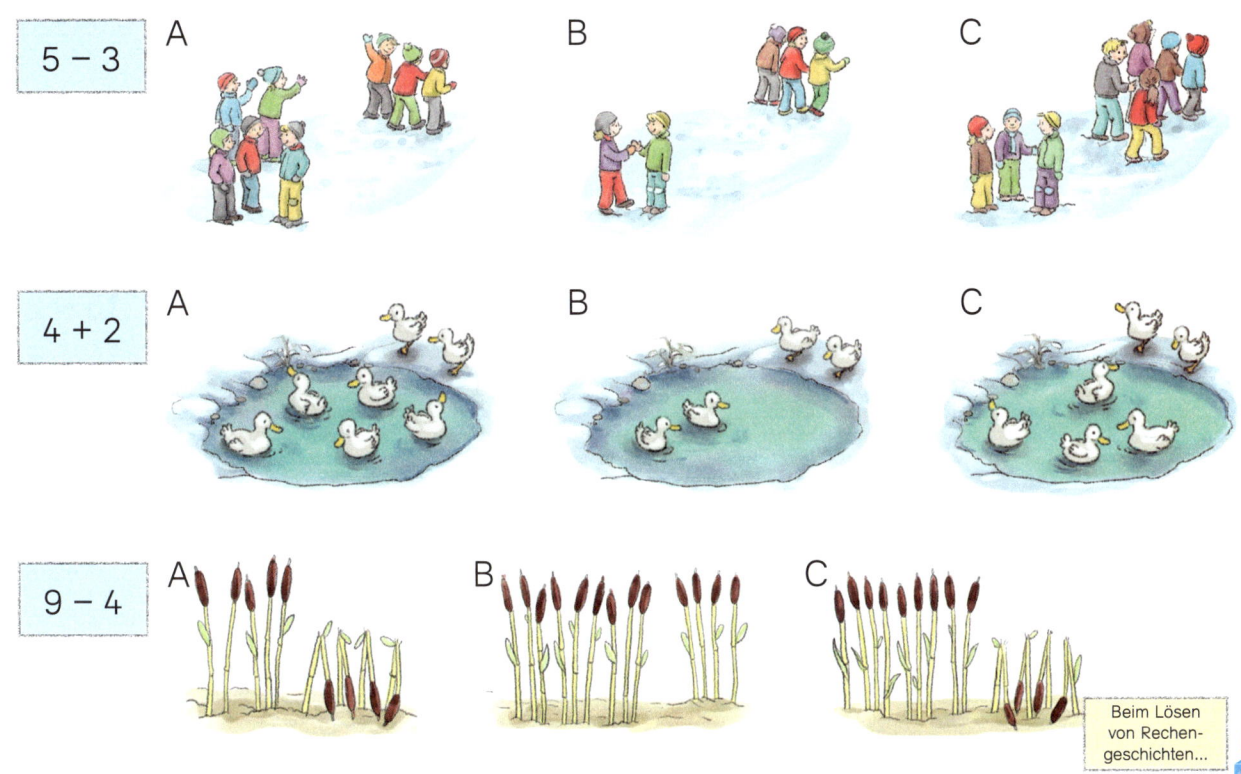

5 – 3

4 + 2

9 – 4

Beim Lösen von Rechengeschichten...

2 Rechengeschichten erzählen. Passende Aufgabe ausrechnen.
3 Zu einer Aufgabe die passende Bildsituation auswählen. Rechnen.

AH 34; 35

Plus- und Minusaufgaben – Rechnen mit drei Zahlen

1 *Insgesamt kommen 3 dazu.*

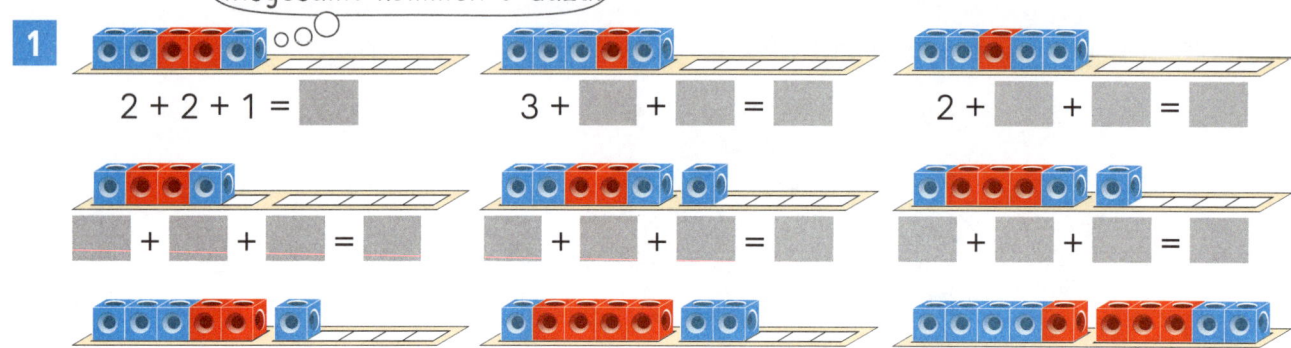

2 + 2 + 1 = ☐   3 + ☐ + ☐ = ☐   2 + ☐ + ☐ = ☐

☐ + ☐ + ☐ = ☐   ☐ + ☐ + ☐ = ☐   ☐ + ☐ + ☐ = ☐

☐ + ☐ + ☐ = ☐   ☐ + ☐ + ☐ = ☐   ☐ + ☐ + ☐ = ☐

2 Rechne.   Besprecht eure Rechenwege.

3 + 1 + 2	4 + 4 + 1	1 + 2 + 7	0 + 7 + 3
3 + 2 + 2	4 + 3 + 2	6 + 3 + 1	5 + 4 + 1
3 + 3 + 2	4 + 2 + 3	8 + 0 + 1	1 + 8 + 1

3 *Insgesamt 2 weg.*

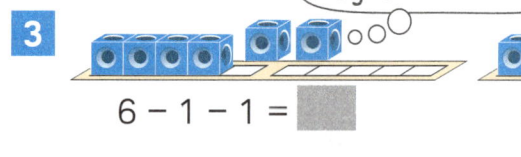

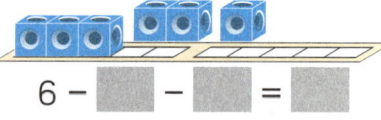

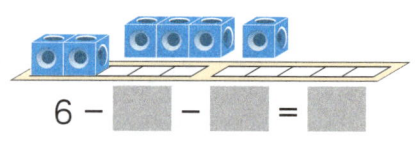

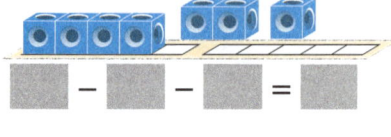

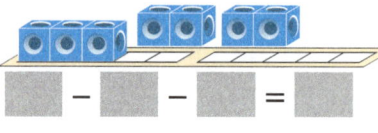

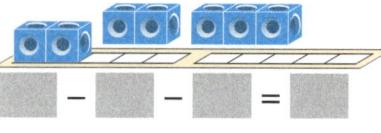

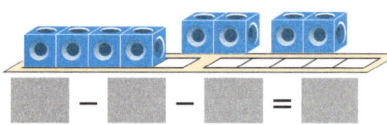

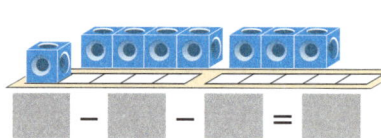

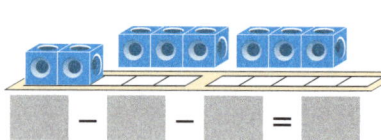

6 − 1 − 1 = ☐   6 − ☐ − ☐ = ☐   6 − ☐ − ☐ = ☐

☐ − ☐ − ☐ = ☐   ☐ − ☐ − ☐ = ☐   ☐ − ☐ − ☐ = ☐

☐ − ☐ − ☐ = ☐   ☐ − ☐ − ☐ = ☐   ☐ − ☐ − ☐ = ☐

4 Rechne.   Besprecht eure Rechenwege.

4 − 1 − 1	8 − 2 − 2	9 − 3 − 3	10 − 5 − 1
4 − 3 − 0	8 − 5 − 1	9 − 3 − 6	10 − 2 − 8
4 − 2 − 2	8 − 3 − 5	9 − 0 − 8	10 − 3 − 6

5 Welche Aufgaben passen nicht? Schreibe sie so, dass das Ergebnis stimmt.

Ergebnis 7	Ergebnis 6	Ergebnis 2	Ergebnis 4
5 + 1 + 1	3 + 2 + 1	5 − 2 − 1	5 − 1 − 0
3 + 3 + 1	2 + 3 + 0	6 − 2 − 2	6 − 2 − 1
2 + 1 + 5	2 + 2 + 2	8 − 4 − 3	10 − 5 − 1

Wiederholung

1 Zeichne mit Schablone ein Bild aus den angegebenen Flächen.

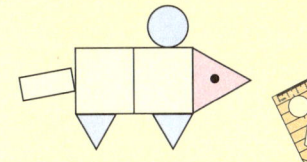

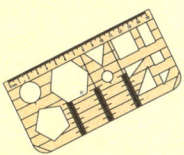

○	△	▭	☐
5	1	4	1

○	△	▭	☐
0	3	2	1

2 Setze fort. Rechne.

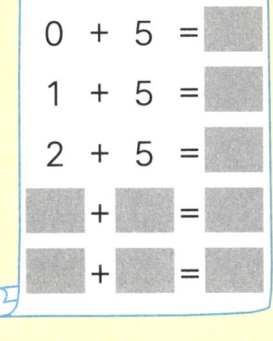

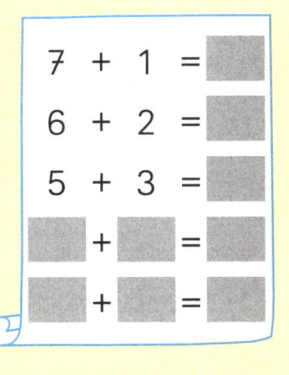

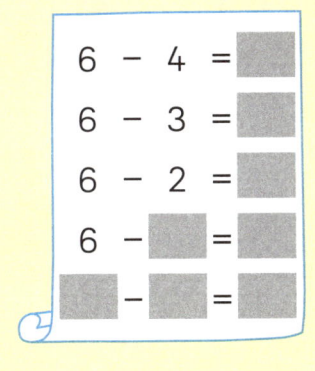

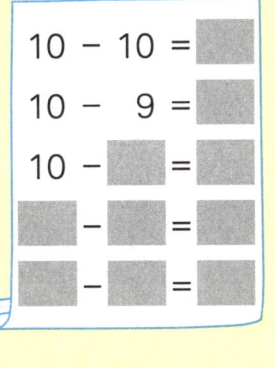

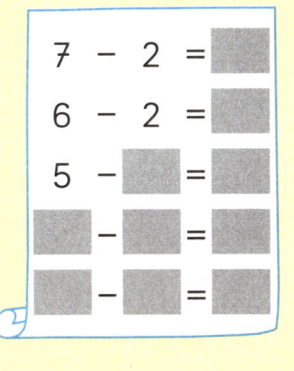

4 + 0 =
4 + 1 =
4 + 2 =
4 + ☐ =
4 + ☐ =

3 + 7 =
3 + 6 =
3 + 5 =
☐ + ☐ =
☐ + ☐ =

0 + 5 =
1 + 5 =
2 + 5 =
☐ + ☐ =
☐ + ☐ =

7 + 1 =
6 + 2 =
5 + 3 =
☐ + ☐ =
☐ + ☐ =

3 4 + ☐ = 7   7 + ☐ = 7   2 + ☐ = 8   4 + ☐ = 10   7 + ☐ = 10

4 + ☐ = 9   3 + ☐ = 10   1 + ☐ = 9   5 + ☐ = 10   8 + ☐ = 10

4 Setze fort. Rechne.

6 − 4 =
6 − 3 =
6 − 2 =
6 − ☐ =
☐ − ☐ =

8 − 1 =
8 − 2 =
8 − 3 =
8 − ☐ =
☐ − ☐ =

10 − 10 =
10 − 9 =
10 − ☐ =
☐ − ☐ =
☐ − ☐ =

7 − 2 =
6 − 2 =
5 − ☐ =
☐ − ☐ =
☐ − ☐ =

5 7 − ☐ = 4   9 − ☐ = 7   6 − ☐ = 6   9 − ☐ = 2   10 − ☐ = 5

7 − ☐ = 2   9 − ☐ = 0   7 − ☐ = 5   10 − ☐ = 2   8 − ☐ = 4

6 Wie viel Geld haben die Kinder?

Lukas 
Elsa 
Mina

Lukas   8 ct

Ole 
Lilli
Max

Die Zahlen bis 20

Treffer	
Anna	ͮͮͮͮ ͮͮͮͮ
Rica	ͮͮͮͮ ͮͮͮͮ ͮͮͮͮ
Lars	ͮͮͮͮ ͮͮͮͮ IIII
Jan	ͮͮͮͮ ͮͮͮͮ ͮͮͮͮ I
Emma	ͮͮͮͮ ͮͮͮͮ ͮͮͮͮ III
Ayse	ͮͮͮͮ ͮͮͮͮ ͮͮͮͮ II

11 ͮͮͮͮ ͮͮͮͮ I
elf

12 ͮͮͮͮ ͮͮͮͮ II
zwölf

13 ͮͮͮͮ ͮͮͮͮ III
dreizehn

14 ͮͮͮͮ ͮͮͮͮ IIII
vierzehn

15 ͮͮͮͮ ͮͮͮͮ ͮͮͮͮ
fünfzehn

56

Fünferstruktur thematisieren.
Über Zahlen und ihre Bedeutung sprechen.

16 17 18 19 20

|||| |||| |||| | |||| |||| |||| || |||| |||| |||| ||| |||| |||| |||| |||| |||| |||| |||| ||||

sechzehn   siebzehn   achtzehn   neunzehn   zwanzig

Anzahlen der Gegenstände auf dem Bild zuerst schätzen, dann zählen.
Gegenstände im eigenen Zimmer zählen und Anzahlen in einer Strichliste darstellen.

57

Bündeln – Zehner und Einer

1 Wie viele Stifte sind es? Vermute zuerst.

> **Wortspeicher**
>
> die **Stellenwerttabelle**
>
> **Z**ehner **E**iner
>
> | Z | E |
> |---|---|
> | 1 | 3 |
>
> 13
>
> 1 **Zehner** sind 10 **Einer**.

2 Wie viele Stifte sind es?
Trage die Anzahl in die Stellenwerttabelle ein.

Z	E
1	5

1 5

Schreibe erst den Zehner, dann die Einer.

3

Z	E
1	2

1 2

4 **Forschen** Finde andere Zehnerpackungen.

58   AH 37

Wortspeicher nutzen.
2 und **3** Anzahlen notieren.

Bündeln – Zahlen darstellen

1 Wie viele Steckwürfel sind es? Vermute zuerst.

1 Zehner und 4 Einer. Die Zahl heißt...

Z | E

2 Wie heißt die Zahl?

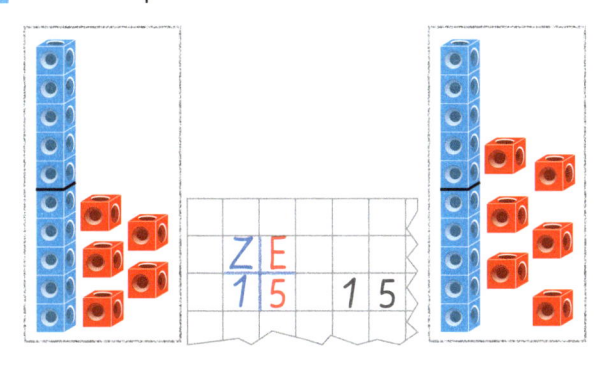

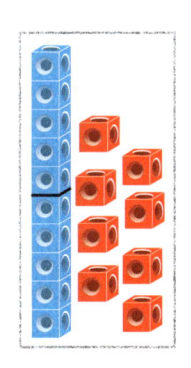

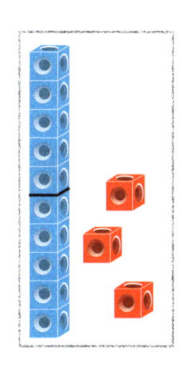

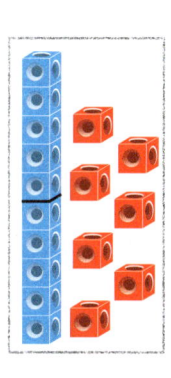

Z	E
1	5

1   5

3 Ordne wie Rica und Lars.

elf   dreizehn   siebzehn

achtzehn   vierzehn   sechzehn

fünfzehn   neunzehn   zwölf   zwanzig

Rica: 11 12 13

Lars: 20   19

4 Schreibe als Zahl.

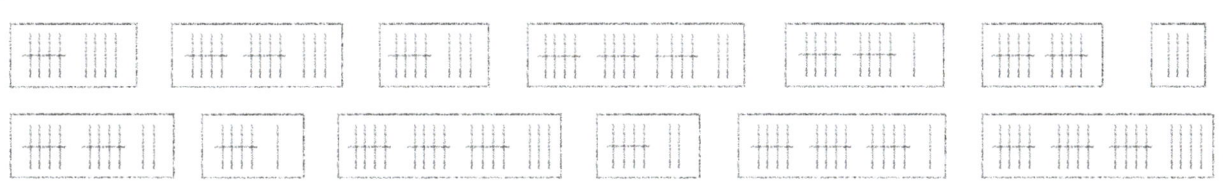

5 Wähle eine Zahl. Stelle sie unterschiedlich dar.

Beim Bündeln...

6
| 6 – 4 | 4 – 3 | 9 – 3 | 6 – 5 | 7 – 4 | 9 – 5 |
| 6 – 2 | 4 – 2 | 7 – 3 | 8 – 3 | 5 – 2 | 3 – 0 |

5 Offene Aufgabe. Forscherheft nutzen.

Wechseln – Euro

Wie habe ich gewechselt?

Z	E
1	2	12 €

1 Wechsele und schreibe.

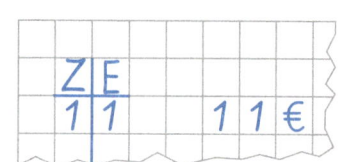

Z	E
1	1	11 €

2 Male.

Z	E
1	4

10€ 1€ 1€
       1€ 1€   14 €

Z	E
1	3

Z	E
2	0

Z	E
	4

Z	E
1	0

Z	E
1	7

Z	E
	5

Z	E
1	5

Z	E
2	1

Z	E
3	1

3 11 €   10€ 1€   17 €   6 €   24 €

60 AH 38   Geldbeträge zunächst schätzen, dann Zählstrategien anwenden.
1 Diff.: Die Geldbeträge mit den Begriffen mehr bzw. weniger vergleichen.

Wechseln – Cent

Wie habe ich gewechselt?

Z	E
1	5	15 ct

1 Wechsele und schreibe.

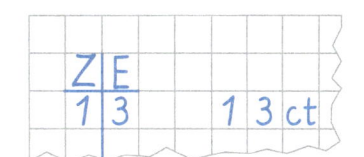

Z	E
1	3	1 3 ct

2 Male.

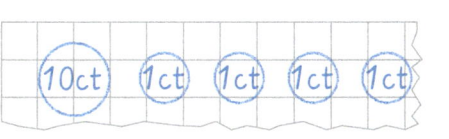

Z	E
1	3	10ct 1ct 1ct 1ct 1 3 ct

Z	E
1	1

Z	E
1	8

Z	E
	9

Z	E
	4

Z	E
2	0

Z	E
	3

Z	E
1	2

Z	E
2	3

Z	E
3	3

3 14 ct   10ct 1ct 1ct 1ct 1ct   9 ct   15 ct   32 ct

Geldbeträge zunächst schätzen, dann Zählstrategien anwenden.
1 Diff.: Die Geldbeträge mit den Begriffen mehr bzw. weniger vergleichen.

Das Zwanzigerfeld

1 Wie legst du 13 Steckwürfel auf dem Zwanzigerfeld? Vergleicht und besprecht.

„Zehn in einer Reihe."

„Zwei Fünferstangen sind eine Zehnerstange."

Wortspeicher

das **Zwanzigerfeld**

2 Legt Steckwürfel auf das Zwanzigerfeld. Vergleicht.

11 14 15 16 18 17 19 12

3 A   B
C D E
F G H
I J K

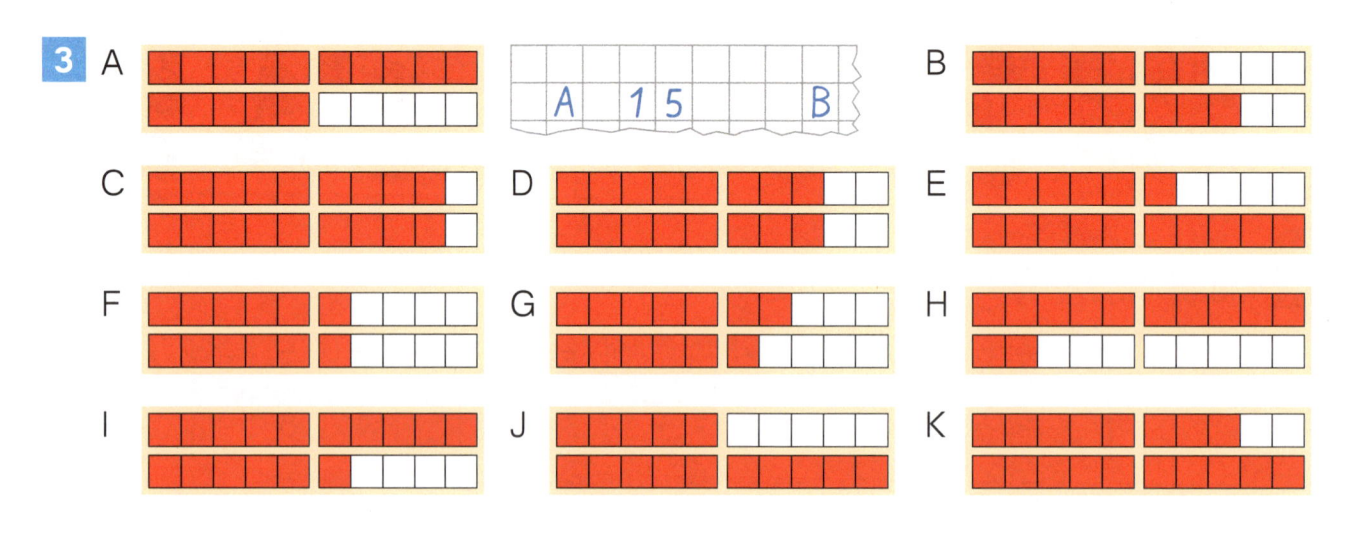

A 1 5 B

4 achtzehn

5 Immer 20. Schreibe Plusaufgaben.

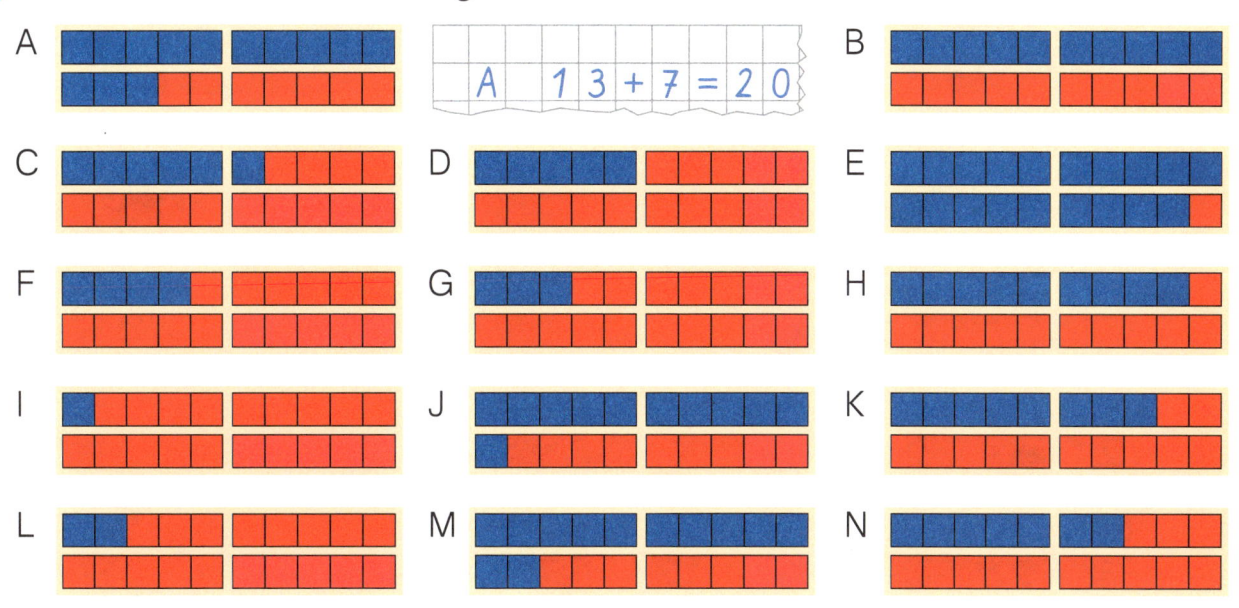

A 1 3 + 7 = 2 0

6 Forschen Stecke viele Zweierstangen zusammen. Kannst du sie so auf das Zwanzigerfeld legen, dass kein Feld leer bleibt?

7 Forschen

Ich probiere das mit Dreierstangen.

Ich probiere das mit Fünferstangen.

Probiere selbst am Zwanzigerfeld.

8 Forschen Stecke immer mehrere Würfelstangen. Kannst du sie so auf das Zwanzigerfeld legen, dass kein Feld leer bleibt? Probiere.

A mit Sechser- und Viererstangen

B mit Achter- und Zweierstangen

C mit Dreier- und Zweierstangen

D mit Viererstangen

Bei den Zahlen bis 20...

6 bis 8 Zwanzigerfeld zum Ausklappen nutzen.
8 Selbst weitere Kombinationen finden.

Vorgänger und Nachfolger

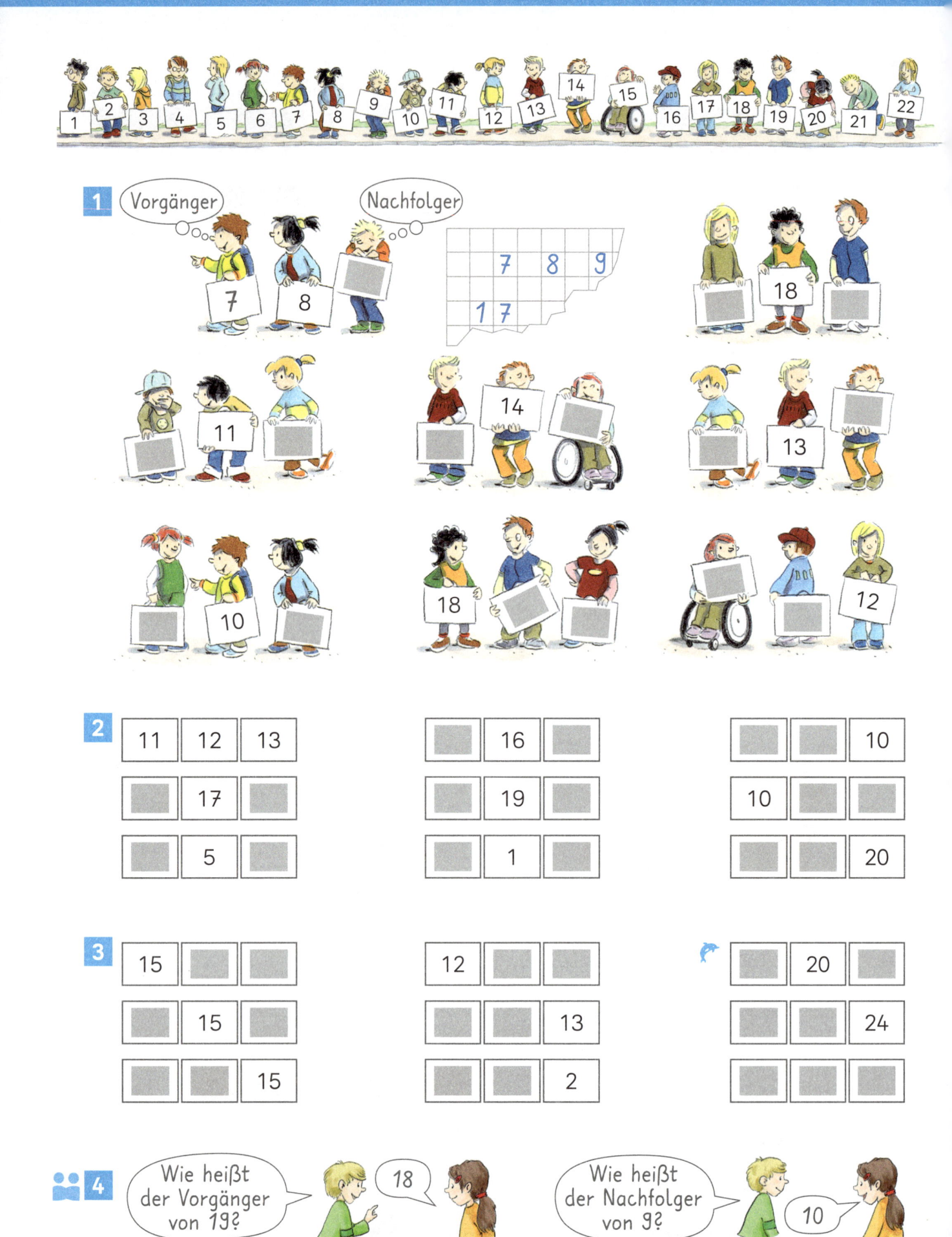

1 Vorgänger — Nachfolger

7 8 □ | 7 | 8 | 9 |
             | 1 | 7 | |

□ 18 □

□ 11 □   □ 14 □   □ 13 □

□ 10 □   18 □ □   □ □ 12

2
11	12	13
□	17	□
□	5	□

□	16	□
□	19	□
□	1	□

□	□	10
10	□	□
□	□	20

3
15	□	□
□	15	□
□	□	15

12	□	□
□	□	13
□	□	2

□	20	□
□	□	24
□	□	□

4 Wie heißt der Vorgänger von 19? — 18

Wie heißt der Nachfolger von 9? — 10

64   AH 40

1 bis 4 Mit Kindern und Zahlenkarten nachstellen.
Vorgänger und Nachfolger von Zahlen bestimmen.
3 Offene Teilaufgabe.

Zahlen ordnen und vergleichen

1

Klasse	Treffer
1a	|||| |||| ||||	
1b	|||| |||| |||
2a	|||| ||||	
2b	|||| |||| ||||
3a	|||| |||| |||| |||
3b	|||| |||| |||| |||
4a	|||| |||| |||| ||
4b	|||| |||| |||| ||||

Schreibe auf:

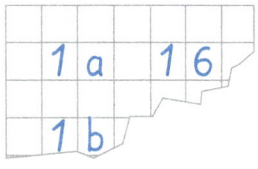

1a 16
1b

Ordne nach der Anzahl der Treffer:

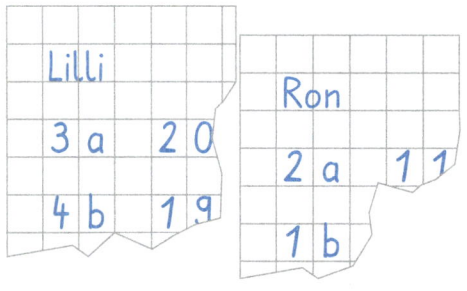

Lilli
3a 20
4b 19

Ron
2a 11
1b

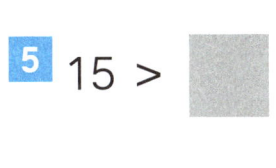

2 Vergleiche jeweils die Anzahl der Treffer.

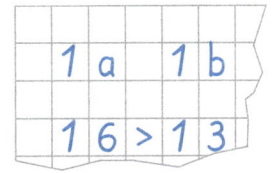

1a und 1b   1a 1b   3a und 3b   2a und 4a
2a und 2b   16 > 13   4a und 4b   4b und 3b

3
3 ○ 1   8 ○ 9   3 ○ 3   5 ○ 0
13 ○ 11   18 ○ 19   13 ○ 13   15 ○ 10

4 ○ 9   6 ○ 0   7 ○ ▢   🐬 18 ○ 14
14 ○ 19   16 ○ 10   17 ○ ▢   28 ○ 24

4
17 ○ 9   11 ○ 13   🐝 11 ○ 18   🐬 19 ○ 21
8 ○ 18   11 ○ 12   18 ○ 18   29 ○ 27
19 ○ 11   11 ○ 11   14 ○ 0   24 ○ 24
10 ○ 10   11 ○ 10   0 ○ 19   21 ○ 20

5 Welche Zahlen passen?

15 > ▢

12 < ▢

| 11 | 10 | 13 | 17 |
| 20 | 9 | 12 | 15 |

15 > 9
15 > 10
15 >

Beim Vergleichen von Zahlen…

1 und 2 Die Anzahlen der Treffer mit den Begriffen mehr und weniger vergleichen. 3 Offene Teilaufgabe. AH 41
Forscherheft nutzen. 5 Lösungen der Größe nach ordnen. Diff.: Weitere passende Zahlen finden.
Selbst Bälle werfen oder schießen und die Anzahl der Treffer in einer Strichliste darstellen.

65

Die Ordnungszahlen bis 20

Das 1. Auto vor der Schranke ist blau.

1 Welche Farben haben die Autos?

2. Auto
6. Auto
10. Auto
2. Auto
1. Auto
9. Auto
8. Auto
4. Auto
13. Auto

Wortspeicher
1. das **Erste**
2. das **Zweite**
3. das **Dritte**

2 Das wievielte Auto ist es?

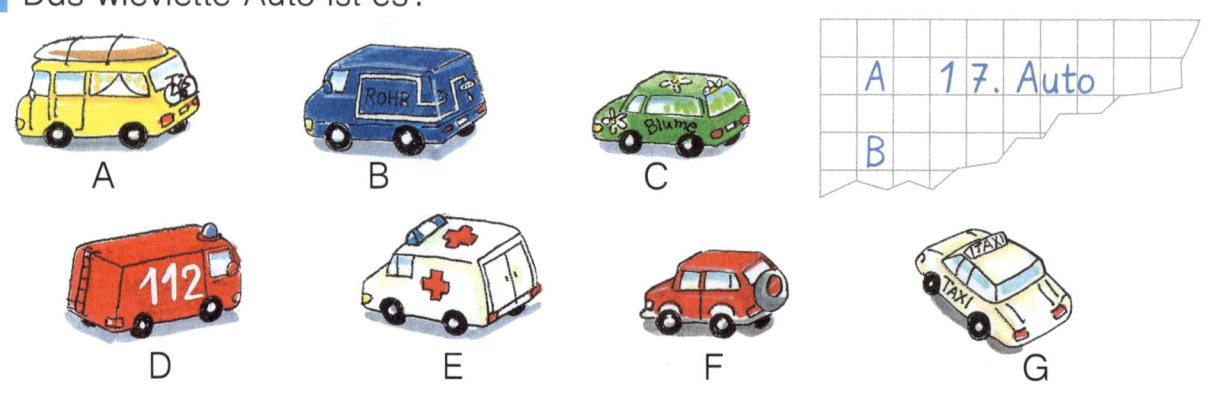

A   B   C   D   E   F   G

A 17. Auto
B

Kombinieren

1 Drei Kinder stellen sich für ein Foto auf.

Male alle Möglichkeiten.
Vergleicht und besprecht eure Ergebnisse.

2 Vier Kinder stellen sich für ein Foto auf.

Male alle Möglichkeiten. Ordne sie.
Vergleicht und besprecht eure Ergebnisse.

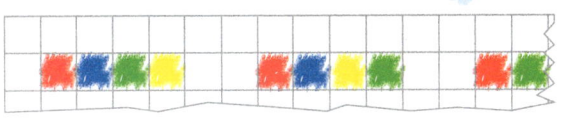

3 Baue Dreiertürme.
Jede Farbe kommt einmal vor.
Male alle Möglichkeiten.
Besprecht eure Lösungen.

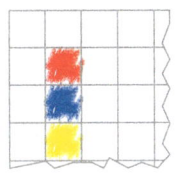

4 Baue Vierertürme.
Jede Farbe kommt einmal vor.
Male alle Möglichkeiten.
Besprecht eure Lösungen.

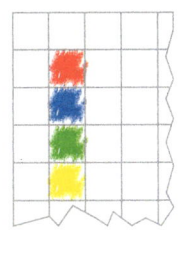

5 Forschen Baue Dreiertürme.
Jede Farbe darf mehrmals vorkommen.
Male viele Möglichkeiten.

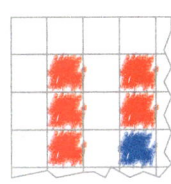

5 Forscherheft nutzen. AH 44

Falten

1

① ② ③ ④

2

① ② ③
④ ⑤ ⑥ ⑦

🔍 **3** Forschen

① ② ③

Wie musst du weiterfalten, damit es ein Drachen wird?

1 bis **3** Aus einem Quadrat ein Haus, eine Blume, einen Drachen falten und gestalten.
Formen der Zwischenschritte beschreiben.

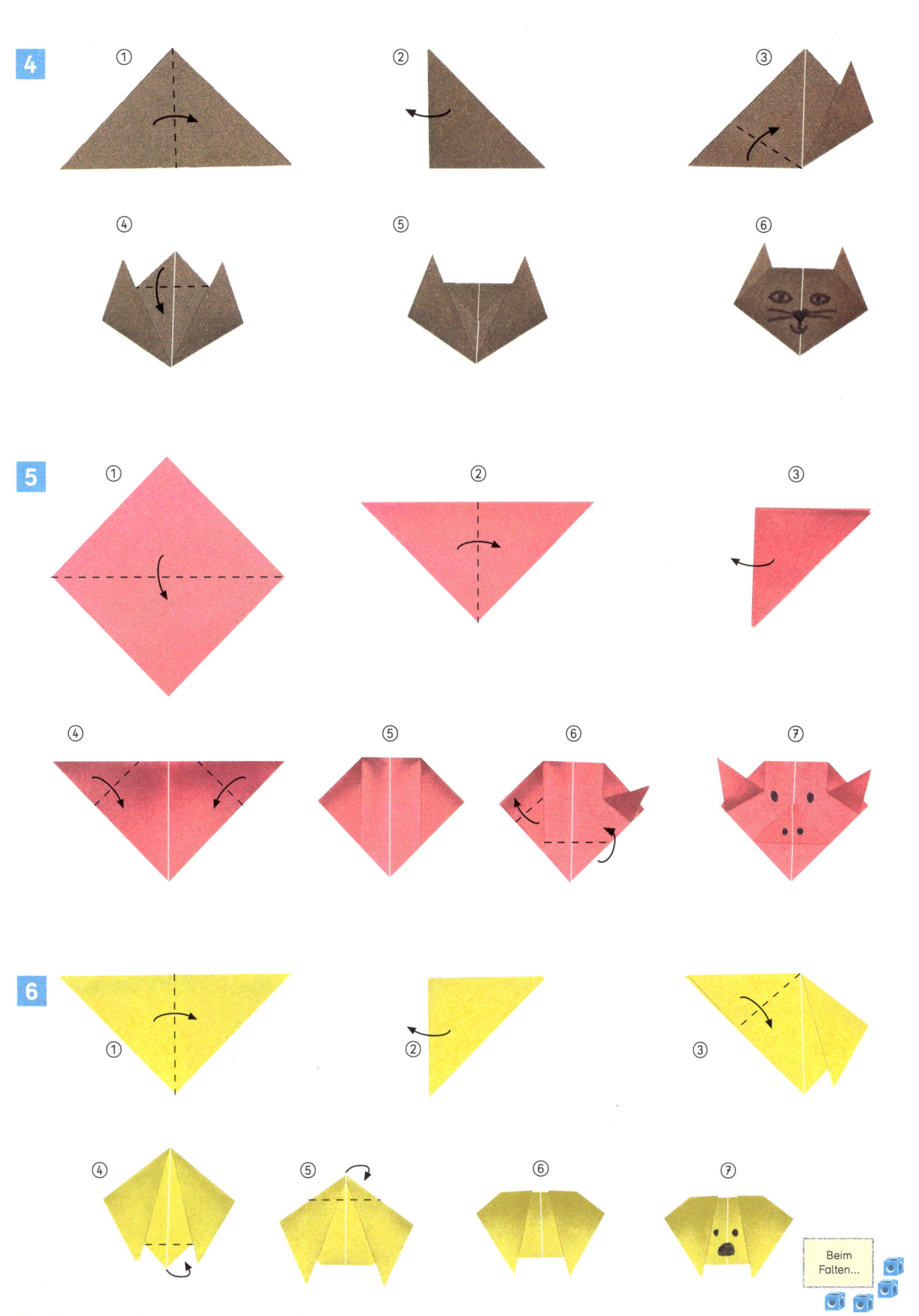

4 bis **6** Aus einem Quadrat eine Katze, ein Schwein, einen Hund falten. Gesichter aufmalen.

Beim Falten...

69

Bauen mit Steckwürfeln

1 Baut nach. Schätzt vorher, wie viele Steckwürfel ihr benötigt.

Baut eigene Figuren.

2 Vergleicht die Figuren. Jeweils ein Würfel wurde umgesteckt.

3 Vergleicht die Figuren. Jeweils zwei Würfel wurden umgesteckt.

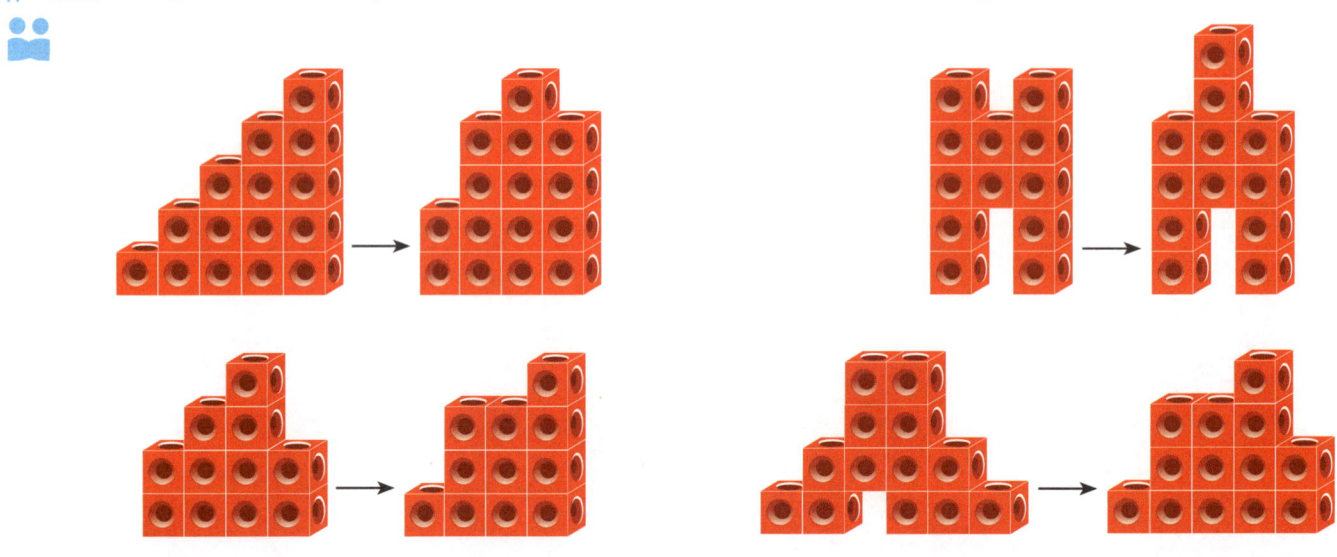

2 und 3 Überprüfen durch Nachbauen.
Diff.: Weitere Figuren bauen und verändern.

Wiederholung

1 Ordne die Zahlen nach der Größe.

| 12 | 4 | 14 | 10 | 20 | 0 | 15 | 13 | 8 | 17 | 18 | 19 |

2 Immer 20. Schreibe Plusaufgaben.

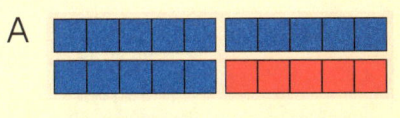

A B C

D E F

3 Zähle vorwärts und rückwärts. Schreibe die Zahlenreihe auf.

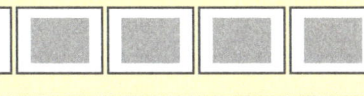

| 10 | 11 | | | | |

| 15 | 16 | | | | |

| 20 | 19 | | | | |

| 15 | 14 | | | | |

4 Finde Vorgänger und Nachfolger.

| | 14 | | | | 12 | | | | 11 | | | | 15 | |

| | 9 | | | | 16 | | | | 10 | | | | 18 | |

| | 17 | | | | 13 | | | | 8 | | | | 19 | |

5 Setze ein. > < =

15 ◯ 5   7 ◯ 17   14 ◯ 18   19 ◯ 16   🐬 19 ◯ 21
11 ◯ 17   15 ◯ 14   20 ◯ 2   19 ◯ 9   20 ◯ 22
13 ◯ 13   12 ◯ 20   10 ◯ 11   15 ◯ 16   13 ◯ 23
10 ◯ 0   14 ◯ 14   16 ◯ 18   13 ◯ 13   25 ◯ 25

6 18 > ▢

Welche Zahlen passen?

| 13 | 20 | 15 | 14 | 11 | 17 |

11 < ▢

| 7 | 16 | 0 | 12 | 18 |

71

Der Zahlenstrahl

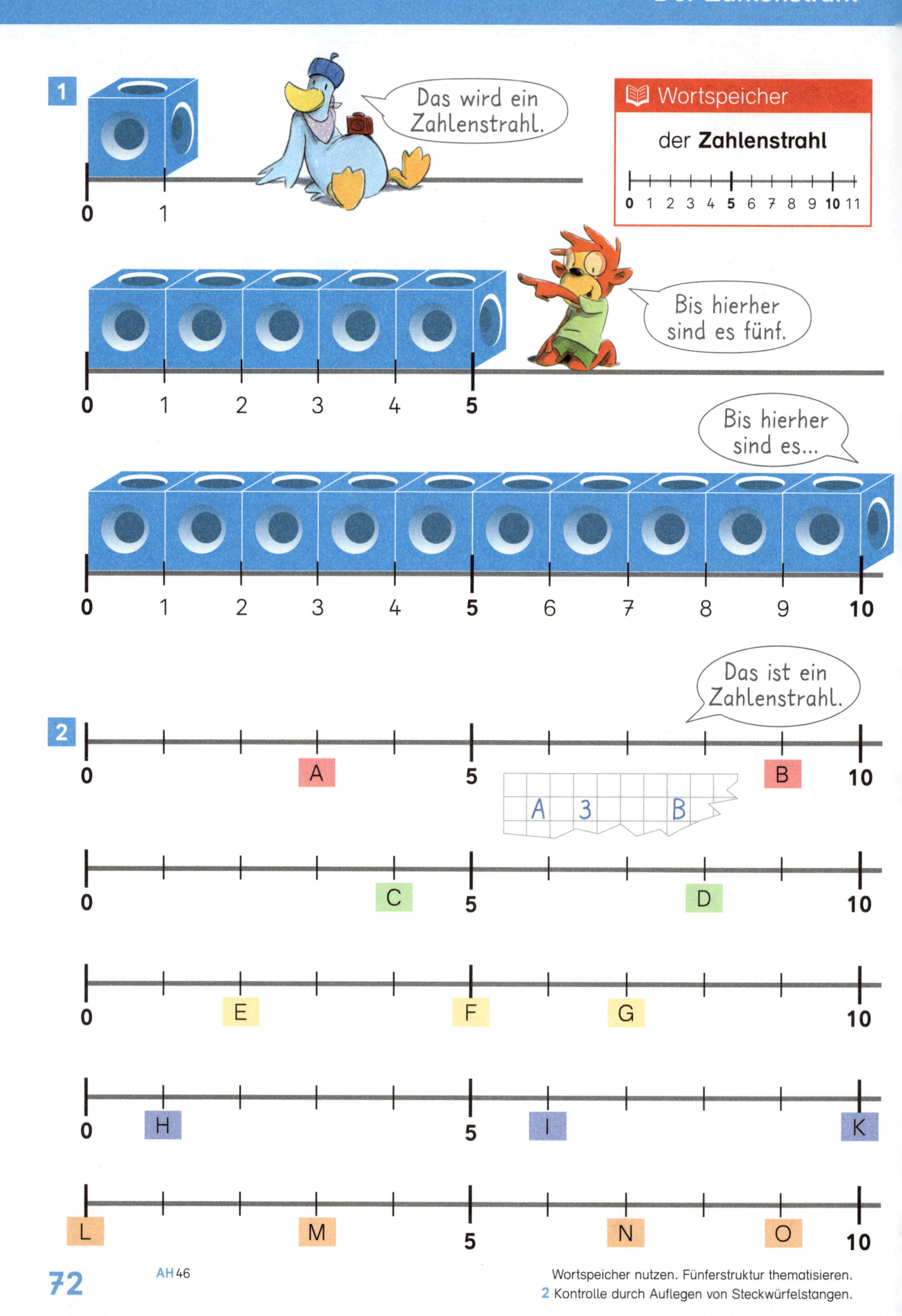

1 Das wird ein Zahlenstrahl.

0   1

📖 **Wortspeicher**

der **Zahlenstrahl**

0 1 2 3 4 **5** 6 7 8 9 **10** 11

Bis hierher sind es fünf.

0   1   2   3   4   5

Bis hierher sind es...

0   1   2   3   4   5   6   7   8   9   10

Das ist ein Zahlenstrahl.

2

0 — A — 5 — B — 10

| A | 3 | | B | |

0 — C — 5 — D — 10

0 — E — F — G — 10

0 — H — 5 — I — K

L — M — 5 — N — O — 10

Wortspeicher nutzen. Fünferstruktur thematisieren.
2 Kontrolle durch Auflegen von Steckwürfelstangen.

Das ist auch ein Zahlenstrahl.

3 Welche Zahlen sind es?

4

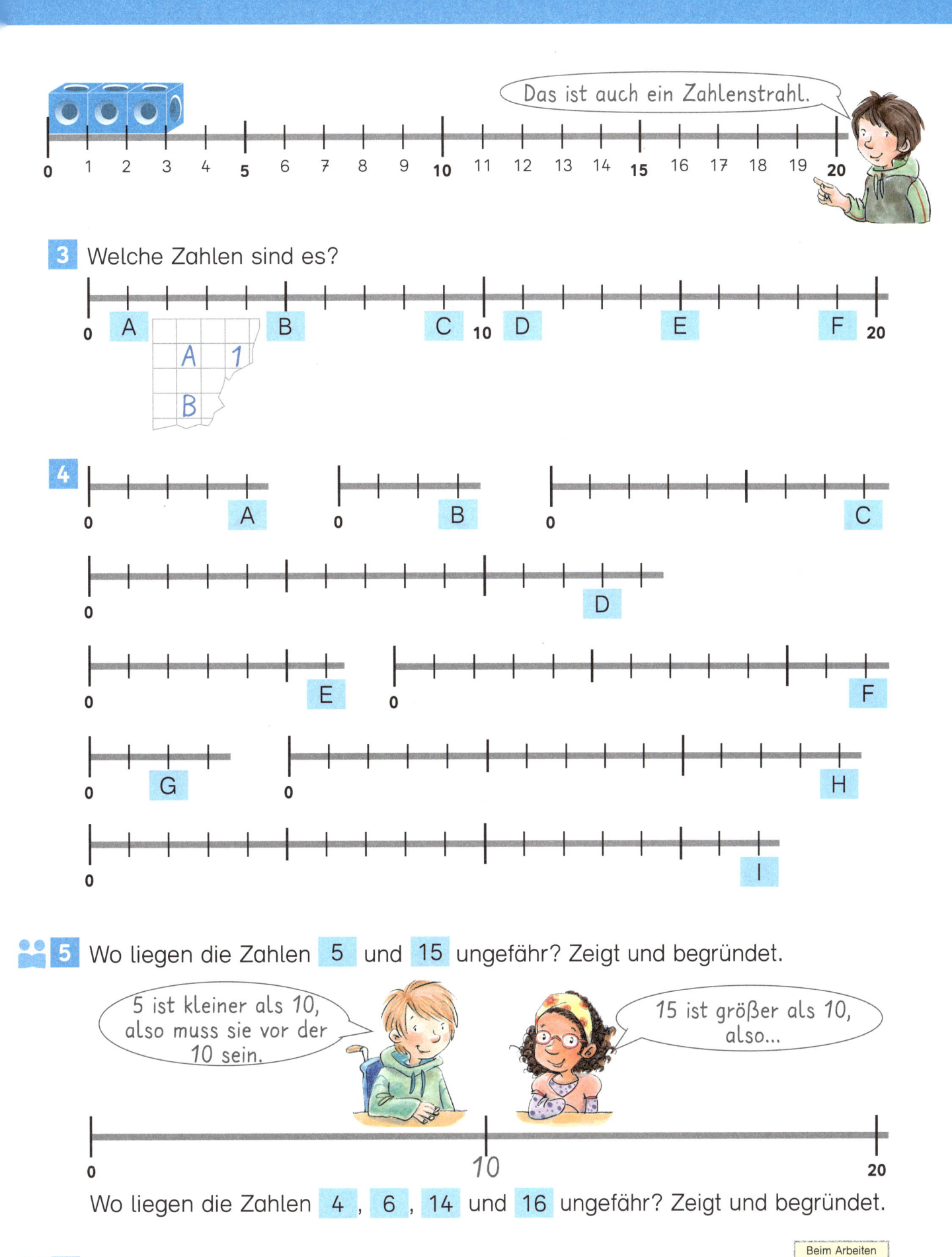

5 Wo liegen die Zahlen 5 und 15 ungefähr? Zeigt und begründet.

5 ist kleiner als 10, also muss sie vor der 10 sein.

15 ist größer als 10, also...

Wo liegen die Zahlen 4, 6, 14 und 16 ungefähr? Zeigt und begründet.

6 Wie lang ist der längste Zahlenstrahl? Vermutet.

Beim Arbeiten mit dem Zahlenstrahl...

3 bis 5 Sich am Zahlenstrahl orientieren.

AH 46

73

Plusaufgaben am Zahlenstrahl

1 Wo landet der Frosch?

Ich springe vorwärts.

3 + 6 =

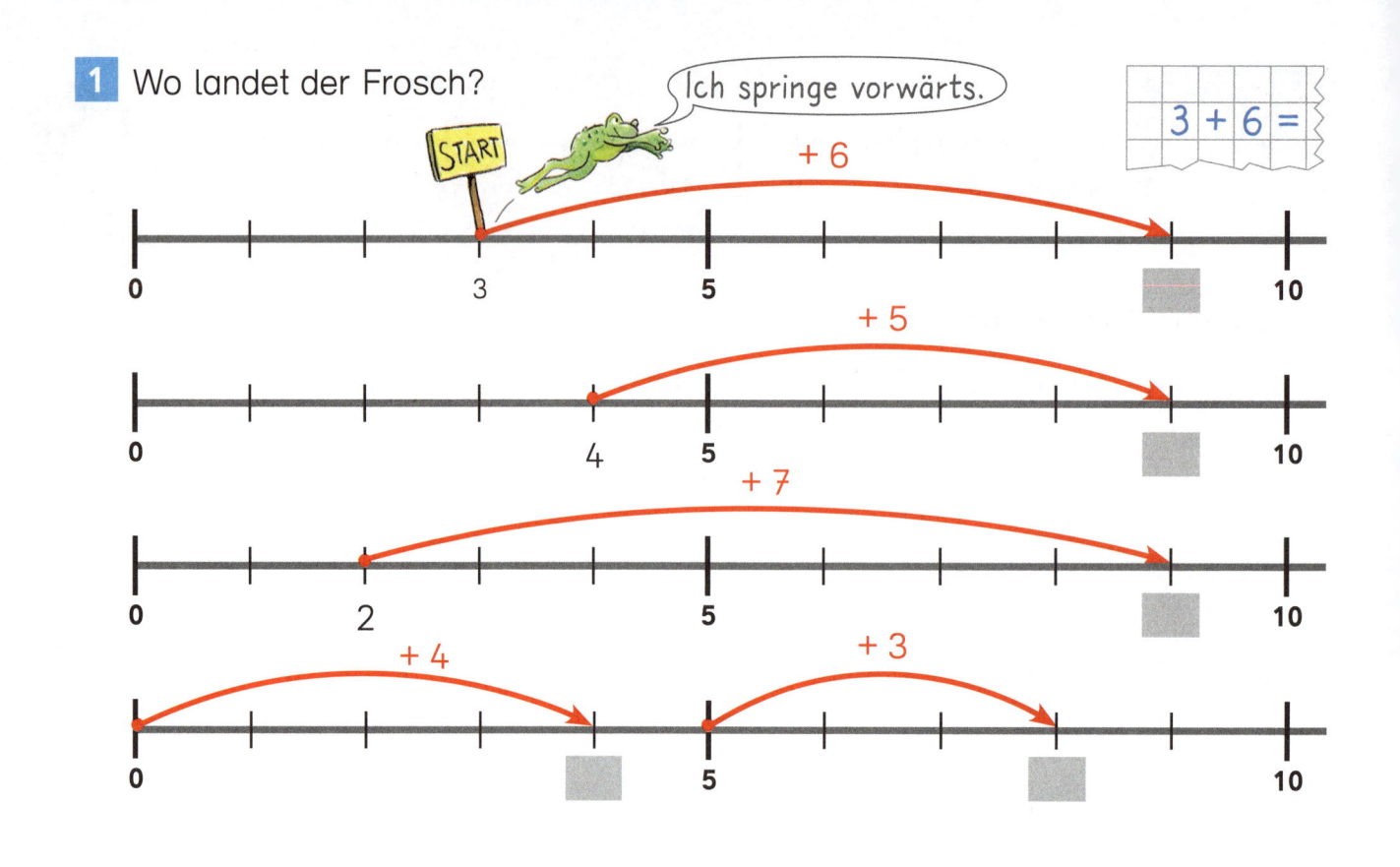

2 Wie weit ist der Frosch jeweils gesprungen? Wo ist er angekommen?

1 + 4 =
11 + 4 =

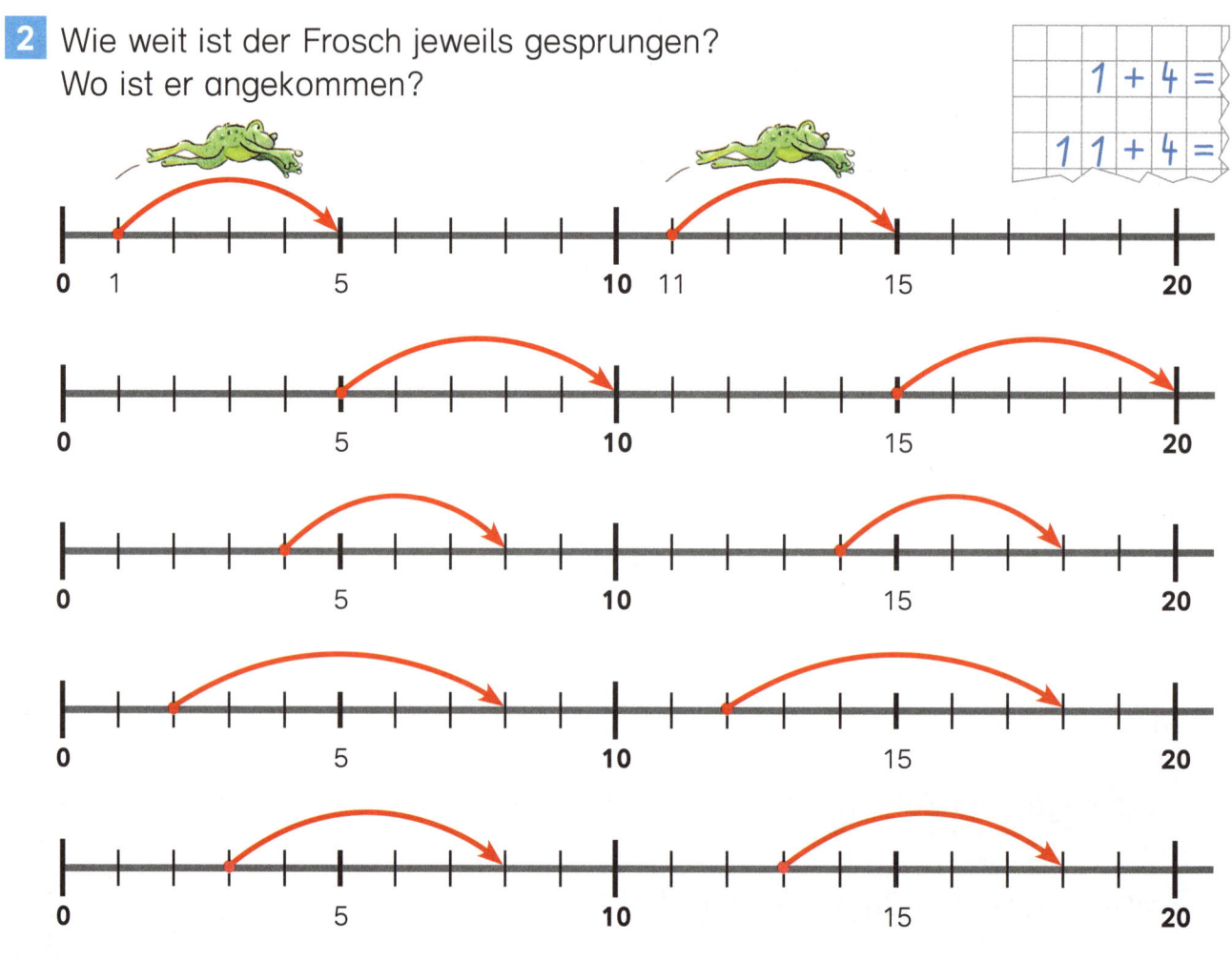

Minusaufgaben am Zahlenstrahl

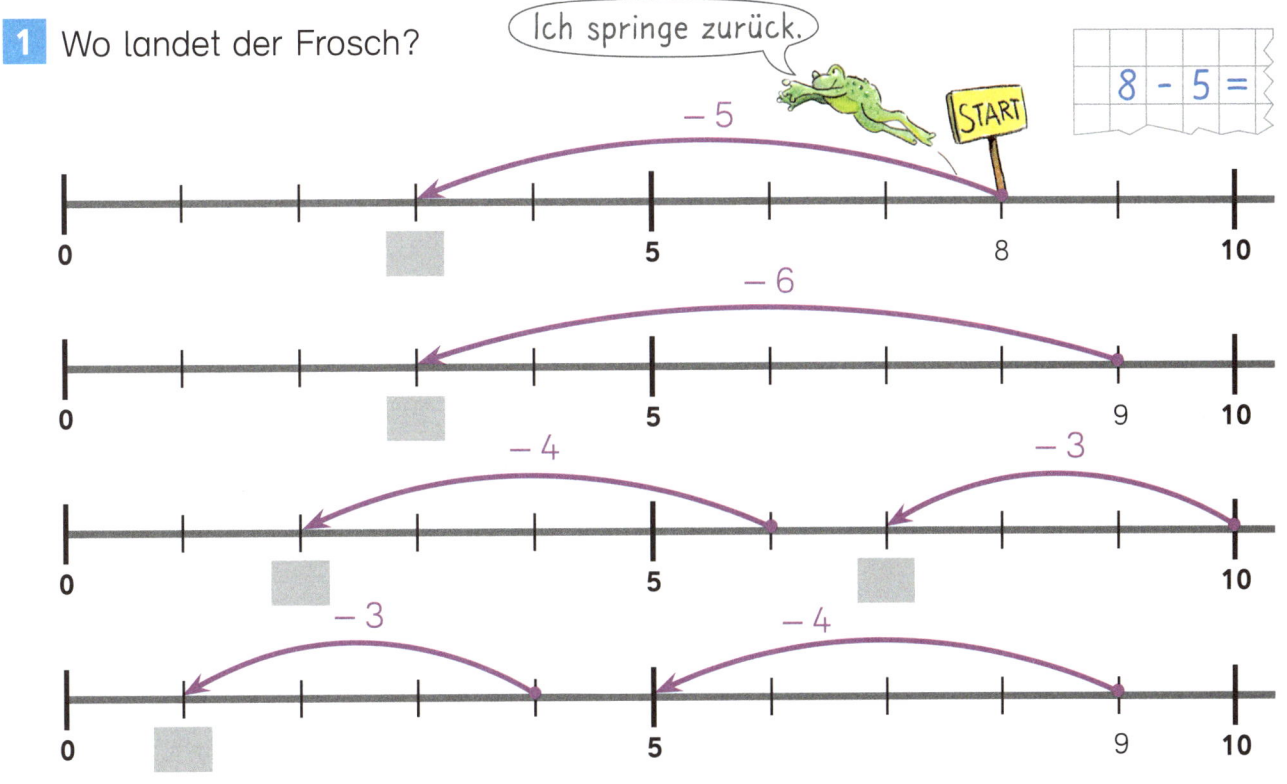

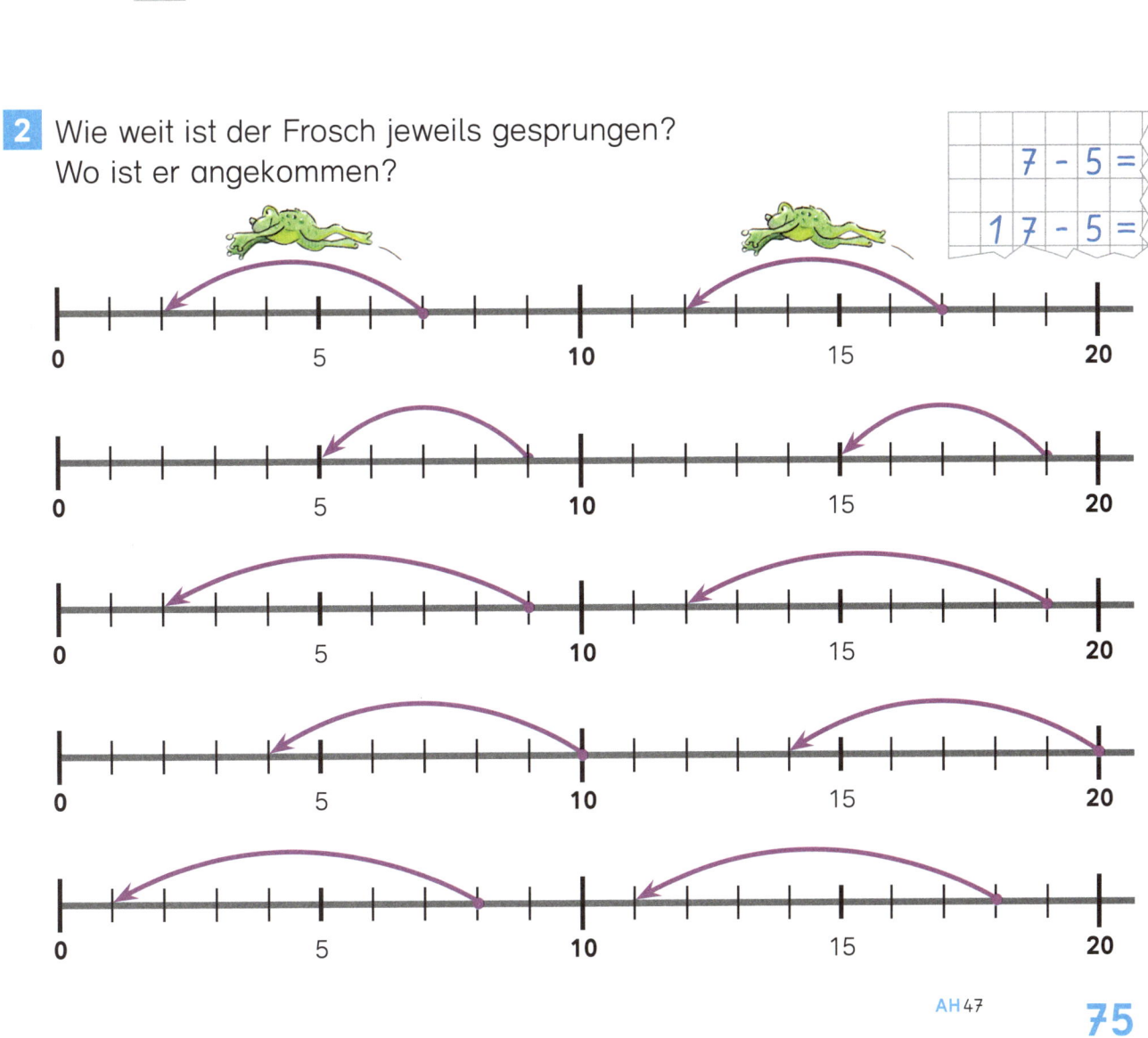

1 Wo landet der Frosch?

"Ich springe zurück."

8 - 5 =

2 Wie weit ist der Frosch jeweils gesprungen? Wo ist er angekommen?

7 - 5 =

17 - 5 =

Zahlenfolgen

1 Springe vorwärts am Zahlenstrahl. Schreibe die Zahlenfolgen auf.

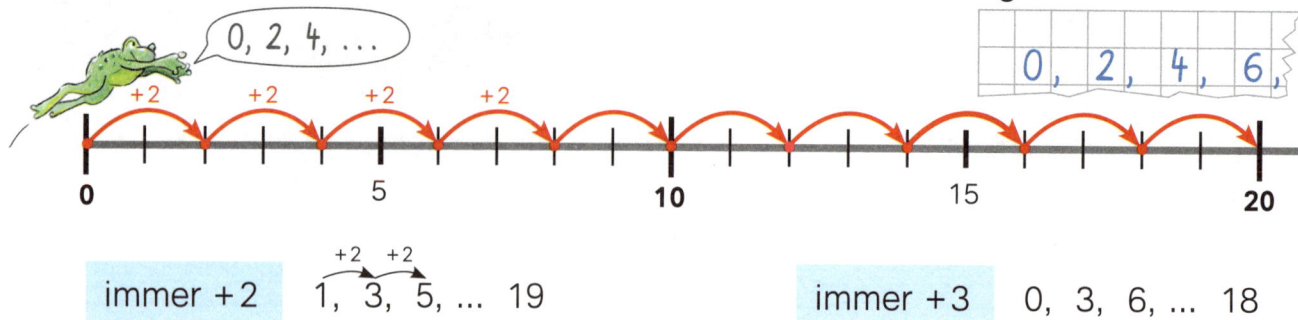

0, 2, 4, ...

0, 2, 4, 6,

immer +2   1, 3, 5, ... 19   immer +3   0, 3, 6, ... 18

2 Springe rückwärts am Zahlenstrahl. Schreibe die Zahlenfolgen auf.

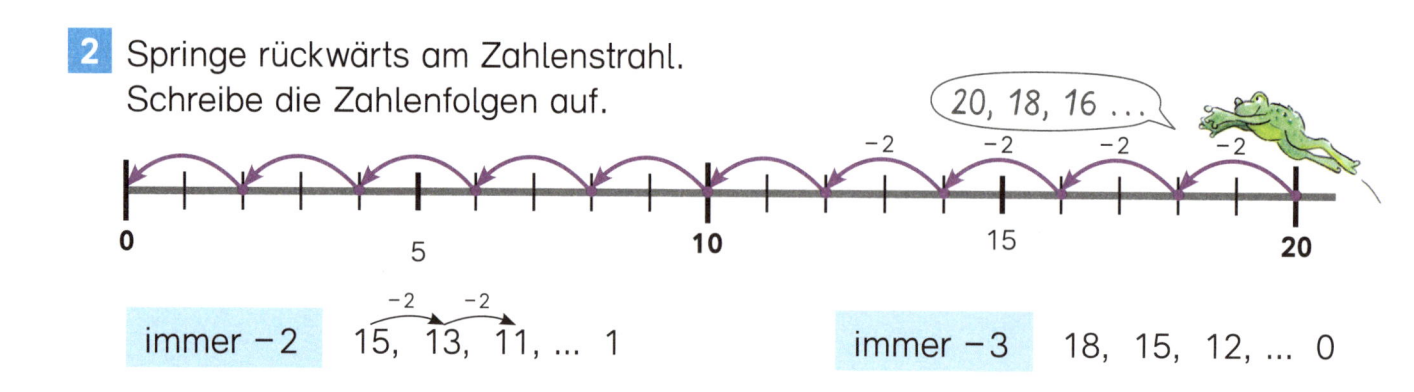

20, 18, 16 ...

immer −2   15, 13, 11, ... 1   immer −3   18, 15, 12, ... 0

3 Finde die Regel. Setze die Zahlenfolgen fort.

3, 5, 7, ... 19   3, 5, 7, also immer plus...   20, 17, 14, ... 2   20, 17, 14, also immer minus...

0, 4, 8, ... 20   16, 14, 12, ... 0

4 Untersucht, wie der Frosch springt. Erklärt. Schreibt die Zahlenfolgen auf.

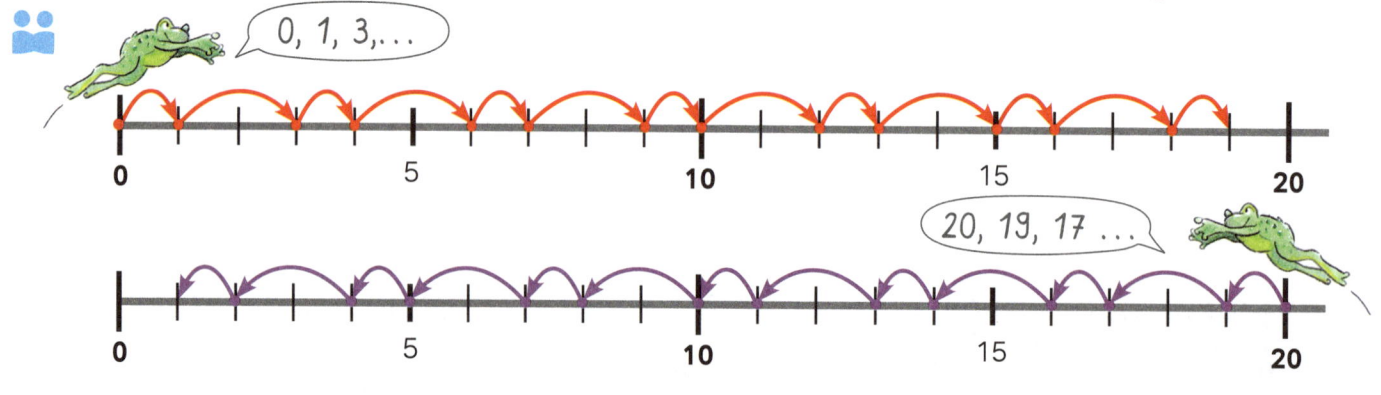

0, 1, 3, ...

20, 19, 17 ...

5 Finde die Regel. Setze die Zahlenfolgen fort.

0, 2, 3, 5, 6, ...   0, 1, 4, 5, 8, ...   19, 17, 16, 14, 13, ...

76   Evtl. am Zahlenstrahl zeigen.

Analogieaufgaben

1

16 + 2 = ☐

Die kleine Aufgabe 6 + 2 hilft.

6 + 2 = ☐

2 Lege und rechne.

| 4 + 2 | 4 + 2 = | 3 + 4 | 2 + 3 | 4 + 4 |
| 14 + 2 | 14 + 2 = | 13 + 4 | 12 + 3 | 14 + 4 |

| 5 + 2 | 1 + ☐ | ☐ + ☐ | ☐ + ☐ | ☐ + ☐ |
| 15 + 2 | 11 + 5 | 15 + 4 | 12 + 4 | 16 + 3 |

3

| 3 + 6 | 2 + 5 | 5 + 3 | 2 + 7 | 0 + 4 |
| 13 + 6 | ☐ + ☐ | ☐ + ☐ | ☐ + ☐ | ☐ + ☐ |

4

Welche Aufgabe hilft bei der großen Aufgabe 15 – 3?

15 – 3 = ☐

5 – 3 = ☐

5 Lege und rechne.

| 7 – 3 | 8 – 4 | 7 – 5 | 9 – 2 | 9 – 4 |
| 17 – 3 | 18 – 4 | 17 – 5 | 19 – 2 | 19 – 4 |

| 3 – 2 | 6 – ☐ | ☐ – ☐ | ☐ – ☐ | ☐ – ☐ |
| 13 – 2 | 16 – 3 | 18 – 6 | 14 – 3 | 15 – 5 |

6

| 4 – 2 | 6 – 4 | 8 – 5 | 9 – 3 | 7 – 6 |
| 14 – 2 | ☐ – ☐ | ☐ – ☐ | ☐ – ☐ | ☐ – ☐ |

Evtl. mit Material legen. Zwanzigerfeld zum Ausklappen verwenden.
Diff.: Analogien auch in größeren Zahlenräumen anwenden: z.B. 13 + 4, 23 + 4, ... bzw. 19 – 3, 29 – 3, ...

Tausch- und Umkehraufgaben

1 Vergleicht und besprecht.

"2 + 16"

2 + 16 =
16 + 2 =

"Die Tauschaufgabe 16 + 2 ist viel leichter."

2 Schreibe Aufgabe und Tauschaufgabe.

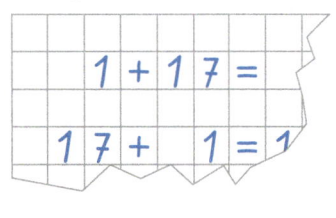

			🐝	🐝
1 + 17	3 + 13	2 + 18	5 + 14
3 + 12	2 + 15	6 + 12	2 + 17
3 + 14	4 + 16	5 + 13	4 + 13
7 + 11	1 + 13	4 + 12	3 + 15

1 + 17 =
17 + 1 = 1

3 "Manchmal tausche ich im Kopf."

			🐝
2 + 15	5 + 13	3 + 15	12 + 4
3 + 16	16 + 3	6 + 11	3 + 17
1 + 18	2 + 17	12 + 5	6 + 14
12 + 8	1 + 19	9 + 11	9 + 10
4 + 11	12 + 7	18 + 2	4 + 15

4 Rechne immer Aufgabe und Umkehraufgabe.

15 + 3 =   13 + 4 =   16 − 2 =   20 − 5 =
18 − 3 =   17 − 4 =   14 + 2 =   15 + 5 =

12 + 4 =   14 + 5 =   14 − 4 =   19 − 8 =
  − 4 =   − 5 =   + 4 =   + 8 =

5 Rechne immer Aufgabe und Umkehraufgabe.

			🐝	🐝
13 − 2	11 + 8	19 + 1	17 − 5	20 − 10
18 − 5	14 + 2	18 − 7	11 + 9	16 + 4

Plus- und Minusaufgaben bis 20

1
18 – 0	14 – 3	11 – 1	12 + 0	17 + 3
17 – 0	15 – 4	12 – 2	13 + 0	18 + 2
16 – 0	16 – 5	13 – 3	14 + 0	19 + 1
15 – 0	17 – 6	14 – 4	15 + 0	20 + 0

2 Immer zwei Zahlen ergeben 10.

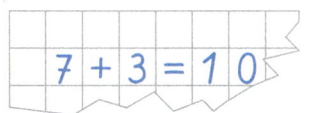

7, 3 → 7 + 3 = 10   4, 8   6, 0   2, 1   10, 9

3 Immer zwei Zahlen ergeben 20.

17, 5, 4, 3, 16, 20, 15, 9, 0, 11

4 Schreibe zu jeder Zahl Plusaufgaben und Minusaufgaben mit den Ergebnissen 20, 10 und 0.

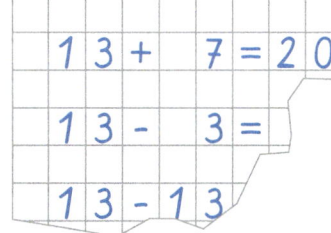

13 → 13 + 7 = 20; 13 – 3 = ; 13 – 13 =   8   10   20   14   11   5   15   19

5 Rechne immer nur die passende große Aufgabe.

5 + 4   7 + 1   5 – 2   9 – 8   8 – 5
2 + 8 → 15 + 4 =   4 + 3   4 – 1   7 – 4   9 – 3

6 Welche Aufgaben passen nicht? Schreibe sie so, dass das Ergebnis stimmt.

Ergebnis 15	Ergebnis 19	Ergebnis 11	Ergebnis 14
11 + 2 + 2	10 + 5 + 4	19 – 8 – 1	20 – 4 – 2
10 + 5 + 0	14 + 4 + 1	14 – 1 – 2	18 – 3 – 3
12 + 1 + 3	11 + 6 + 1	17 – 2 – 4	17 – 0 – 3

7 Forschen Finde viele Aufgaben mit dem Ergebnis 10. Finde viele Aufgaben mit dem Ergebnis 20.

7 Offene Aufgaben. Forscherheft nutzen.

Beim Plus- und Minusrechnen bis 20...

Kombi Sachsituationen – Plus- und Minusaufgaben bis 20 ohne ZÜ

1 Erzählt und rechnet.

| A | 4 | + | 3 | = | | |

- A Pferde
- B Schafe
- C Kühe
- D Karotten
- E Kinder
- F Säcke
- G Spatzen
- H Eimer
- I Küken
- J Hasen

80   AH 51; 52

1 Zum Bild erzählen. Plus- und Minusaufgaben finden und begründen. Manchmal passen auch Aufgaben mit drei Zahlen.

Kombi

2 Welche Aufgabe passt zum Bild? Begründet und rechnet.

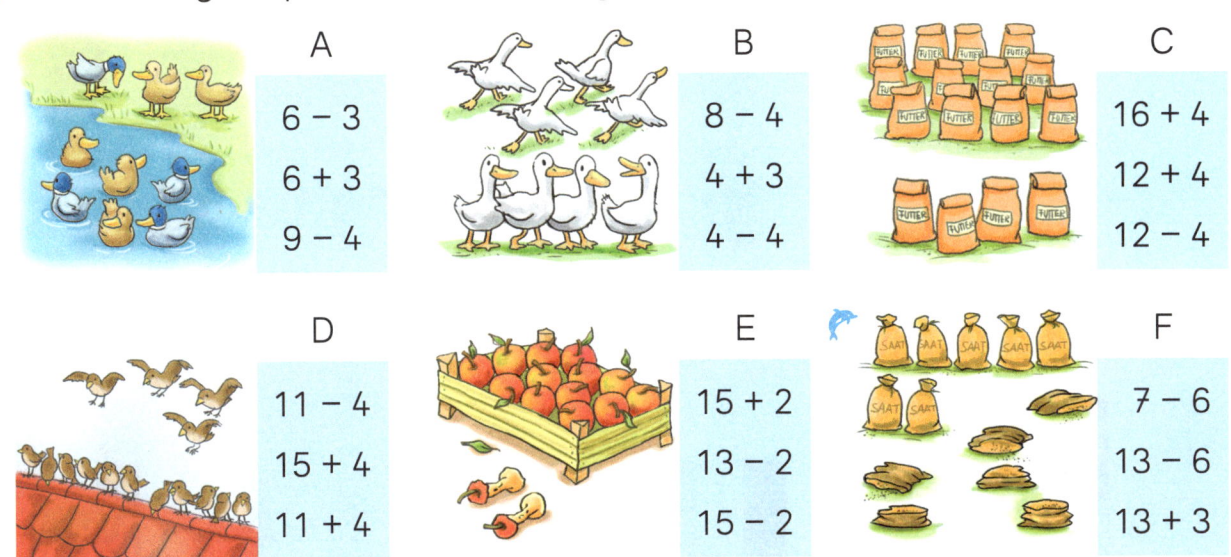

A
6 − 3
6 + 3
9 − 4

B
8 − 4
4 + 3
4 − 4

C
16 + 4
12 + 4
12 − 4

D
11 − 4
15 + 4
11 + 4

E
15 + 2
13 − 2
15 − 2

F
7 − 6
13 − 6
13 + 3

3 Welches Bild passt zur Aufgabe? Begründet und rechnet.

4 + 3   A   B   C

9 − 6   A   B   C

16 − 3   A   B   C

4 Knobeln

Ein Bauer zählt in seinem Stall 7 Tiere.
Es sind Pferde und Hühner.
Sie haben zusammen 20 Beine.
Wie viele Pferde und Hühner sind es?

7 Tiere, aber nur 16 Beine. Falsch.

Beim Lösen von Rechengeschichten…

Die Seiten 80 und 81 können zum jahrgangskombinierten Arbeiten verwendet werden, vgl. Denken und Rechnen Klasse 2, Seiten 78 und 79.

AH 51; 52

Gleichungen

1 Vergleicht und besprecht.

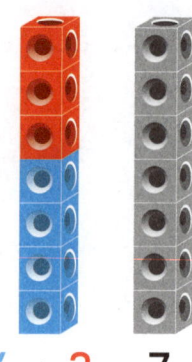

gleich viele

4 + 3 = 7  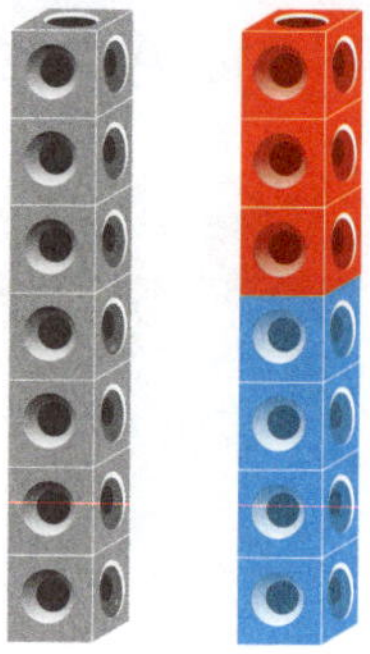   7 = 4 + 3

2

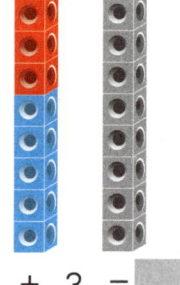

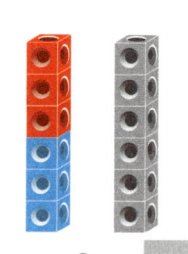

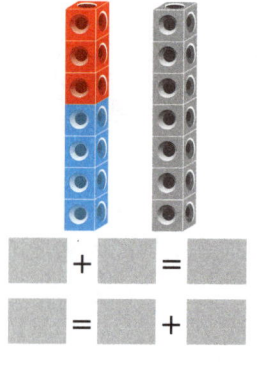

5 + 3 = ☐   3 + 3 = ☐   3 + 2 = ☐   ☐ + ☐ = ☐
☐ = 5 + 3   6 = ☐ + ☐   5 = ☐ + ☐   ☐ = ☐ + ☐

3 6 + 4 = ☐   8 + 2 = ☐   2 + 6 = ☐   ☐ + ☐ = ☐
☐ = 6 + 4   ☐ = ☐ + ☐   ☐ = ☐ + ☐   ☐ = ☐ + ☐

4 11 + 3 = ☐   12 + 6 = ☐   15 + 2 = ☐   13 + 6 = ☐
☐ = ☐ + ☐   ☐ = ☐ + ☐   ☐ = ☐ + ☐   ☐ = ☐ + ☐

17 + 3 = ☐   2 + 18 = ☐   1 + 19 = ☐   ☐ + ☐ = ☐
☐ = ☐ + ☐   ☐ = ☐ + ☐   ☐ = ☐ + ☐   ☐ = ☐ + ☐

5 Ordne zu und finde weitere Aufgaben.

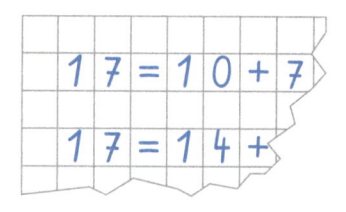

10 + 7	14 + 3	9 + 11	17 + 0	13 + 2
5 + 5	11 + 6	7 + 3	5 + 10	2 + 18
7 + 3	5 + 15
10 + 5	8 + 2

17 = 10 + 7
17 = 14 +

17   15   10   20

2 bis 4 Evtl. mit Material legen.
3 und 4 Offene Teilaufgaben.

Ungleichungen

1 > oder < oder =

7 + 3 > 9
 └10┘

7 + 3 ◯ 9   3 + 10 ◯ 15   12 ◯ 2 + 10

2 7 + 3 ◯ 11   6 + 4 ◯ 10   12 + 5 ◯ 17   13 + 3 ◯ 15
9 + 1 ◯ 10   6 + 2 ◯ 10   18 + 2 ◯ 17   12 + 3 ◯ 15

3 20 ◯ 10 + 7   14 ◯ 10 + 2   15 ◯ 10 + 5   🐝 18 ◯ 12 + 7
20 ◯ 18 + 2   14 ◯ 10 + 6   15 ◯ 11 + 4   18 ◯ 13 + 4

4 > oder < oder =

16 − 6 < 11
 └10┘

16 − 6 ◯ 11   12 − 2 ◯ 7   13 ◯ 15 − 5

5 18 − 3 ◯ 14   16 − 6 ◯ 9   14 − 3 ◯ 11   🐝 10 − 6 ◯ 10
19 − 5 ◯ 14   18 − 3 ◯ 9   15 − 5 ◯ 11   14 − 3 ◯ 10

6 15 ◯ 20 − 5   12 ◯ 20 − 6   17 ◯ 20 − 9   🐝 14 ◯ 14 − 4
15 ◯ 18 − 2   12 ◯ 18 − 6   17 ◯ 18 − 1   14 ◯ 20 − 3

🐬 **7** 7 + 2 ◯ 3 + 6   19 − 6 ◯ 20 − 7   18 − 2 ◯ 13 + 2
9 + 5 ◯ 7 + 3   7 + 2 = 3 + 6   17 − 6 ◯ 11 − 1   13 − 3 ◯ 2 + 8
8 + 2 ◯ 2 + 18   └9┘ └9┘   20 − 10 ◯ 11 − 0   20 − 6 ◯ 15 + 4

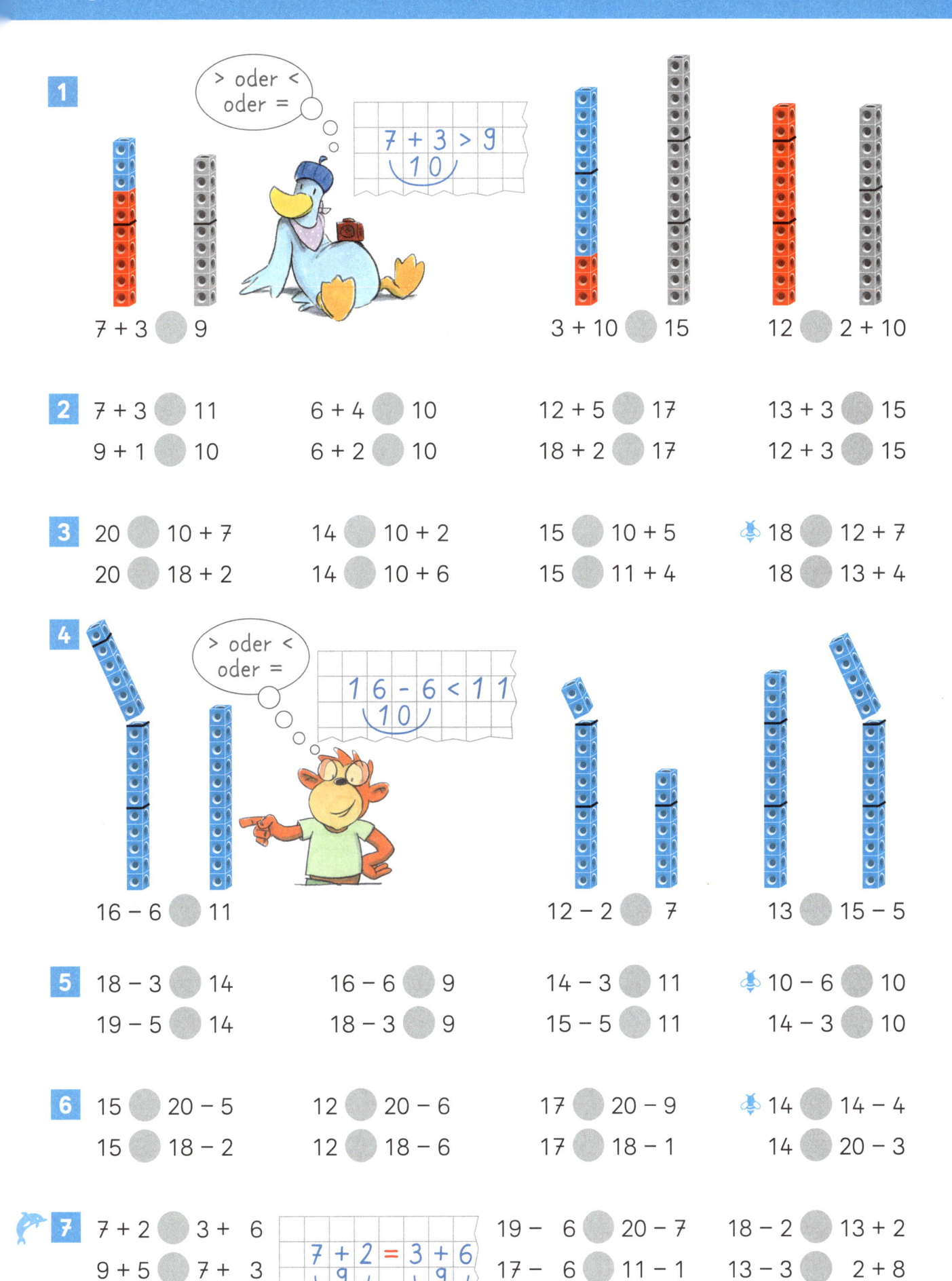

Verdoppeln

1 Das Doppelte von 3 ist 6.

3 + 3 = ☐

Wortspeicher

Das **Doppelte** von 6 ist 12.

6 + 6 = 12

2 Verdoppele mit einem Spiegel. Schreibe immer die Verdoppelungsaufgabe.

2 + ☐ = ☐   ☐ + ☐ = ☐   ☐ + ☐ = ☐

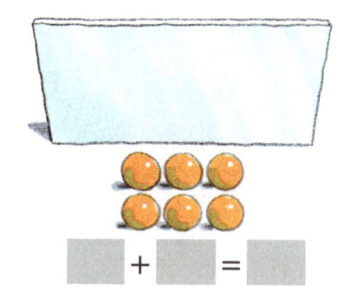

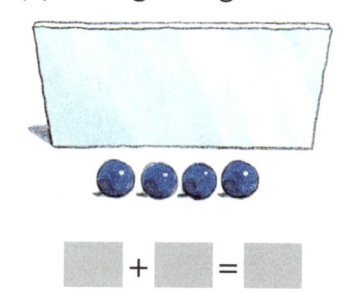

3 Schreibe immer die Verdoppelungsaufgabe.

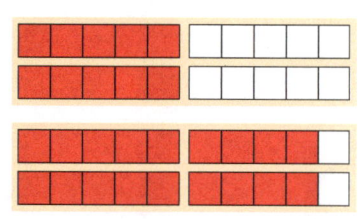

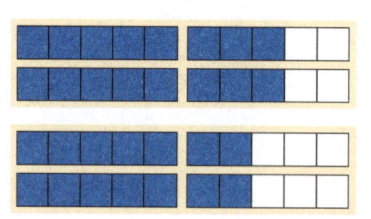

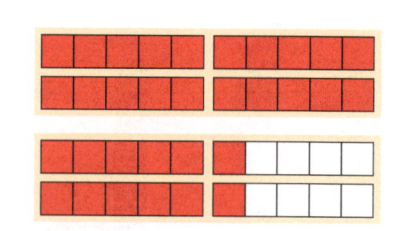

4 Forschen Welche dieser Ergebnisse können sich beim Verdoppeln ergeben?

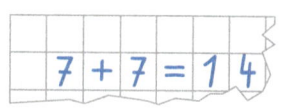

14   9   15   7   13   16   12   18   17   20   7 + 7 = 14

5 Forschen Wähle weitere Zahlen. Prüfe, ob sie sich beim Verdoppeln ergeben.

6 Die merke ich mir.

Verdoppelungsaufgaben

| 1 + 1 = | 2 + 2 = | 3 + 3 = | 4 + 4 = | 5 + 5 = |
| 6 + 6 = | 7 + 7 = | 8 + 8 = | 9 + 9 = | 10 + 10 = |

Wortspeicher nutzen.
1 Begriff „Das Doppelte" klären. Weitere Mengen mit dem Spiegel verdoppeln.
4 Evtl. Zwanzigerfeld zum Ausklappen nutzen. 5 Forscherheft nutzen.

Halbieren

1 Erzählt und spielt nach.

Erst nehme ich einen Würfel, dann nimmst du einen.

Am Ende hat jeder die Hälfte.

6 = ☐ + ☐

> **Wortspeicher**
>
> Die **Hälfte** von 12 ist 6.
>
> 12 = 6 + 6

Nehmt auch 10, 14 und 20 Steckwürfel und verteilt sie gerecht.

2 Die Kinder bilden zwei gleich große Mannschaften.

8  = ☐ + ☐　　　　12 = ☐ + ☐

3 Verteile an zwei Gruppen. Halbiere.

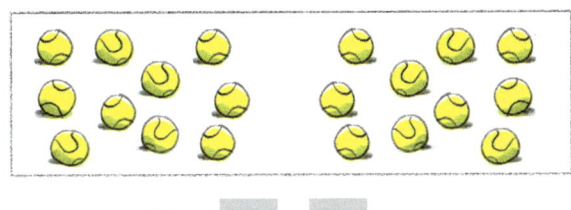

20 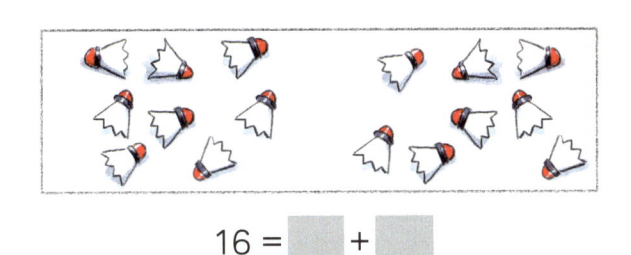 = ☐ + ☐　　　　16 = ☐ + ☐

4 Zeichne und halbiere.

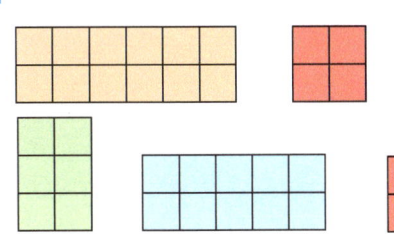

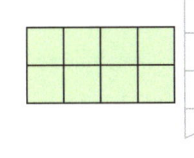

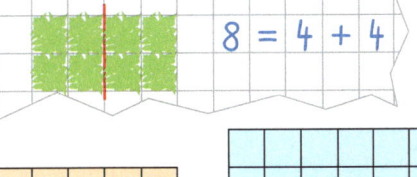

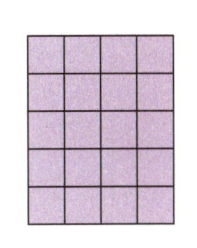

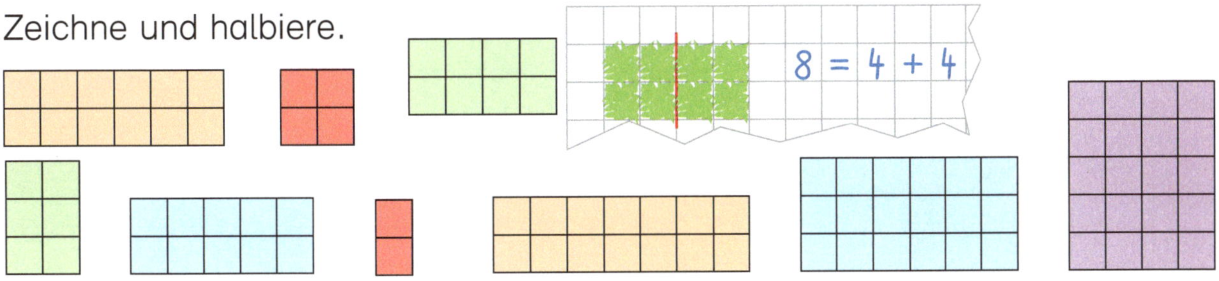

8 = 4 + 4

5 Löse die Zahlenrätsel.

A *Meine Zahl ist die Hälfte von 10.*

B *Meine Zahl ist das Doppelte von 8.*

C *Meine Zahl ist die Hälfte von 14.*

D *Meine Zahl ist das Doppelte von 6.*

A　Meine Zahl heißt

Beim Verdoppeln und Halbieren...

Wortspeicher nutzen.

Über die Zehn – Verdoppelungs- und Nachbaraufgaben

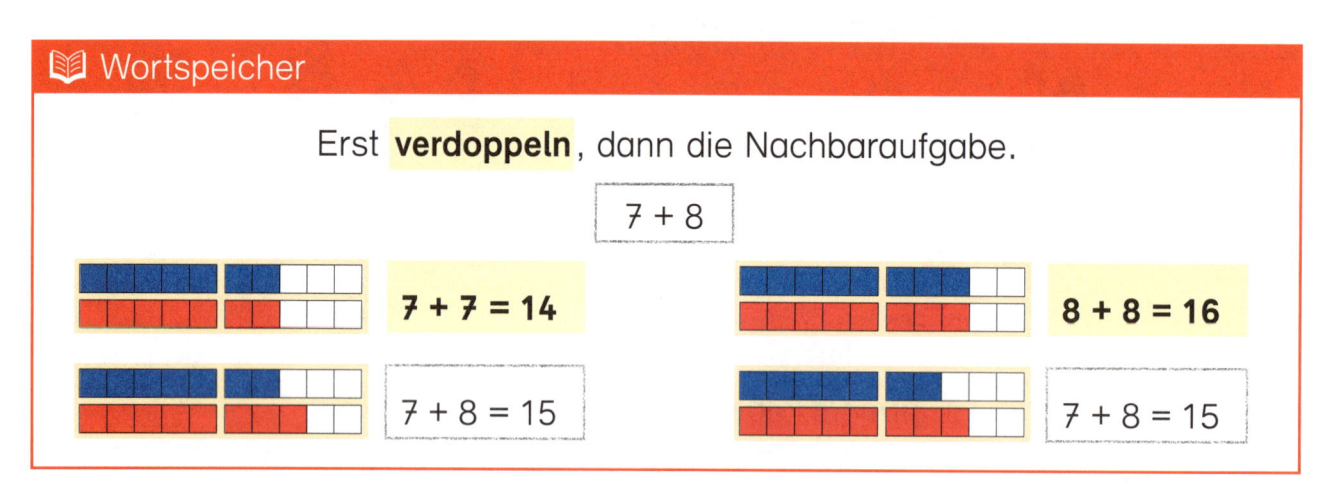

1 Überlege und rechne.
Beschreibt und vergleicht.

Ich rechne die Nachbaraufgabe. 8 + 8 = 16, dann 1 weniger.

Ich rechne 7 + 7 = 14. Dann 1 mehr.

Die Verdoppelungsaufgabe hilft mir.

7 + 8 =

Wortspeicher

Erst **verdoppeln**, dann die Nachbaraufgabe.

7 + 8

7 + 7 = 14   8 + 8 = 16

7 + 8 = 15   7 + 8 = 15

2 Finde zuerst eine passende Verdoppelungsaufgabe.
Besprecht eure Lösungen.

▢ + ▢ = ▢	▢ + ▢ = ▢	▢ + ▢ = ▢	▢ + ▢ = ▢
6 + 7 =	8 + 9 =	5 + 6 =	8 + 7 =

▢ + ▢ = ▢	▢ + ▢ = ▢	▢ + ▢ = ▢	▢ + ▢ = ▢
6 + 5 =	7 + 8 =	7 + 6 =	9 + 8 =

3 Rechne zuerst die Verdoppelungsaufgabe.

6 + 5	5 + 4	4 + 3	7 + ▢	▢ + ▢	▢ + ▢
6 + 6	5 + 5	4 + 4	7 + 7	8 + 8	9 + 9
6 + 7	5 + 6	4 + 5	7 + ▢	▢ + ▢	▢ + ▢

Über die Zehn – Verdoppelungs- und Umkehraufgaben

1 Schreibe immer Aufgabe und Umkehraufgabe.

9 + 9 = ☐   6 + 6 = ☐   8 + 8 = ☐   7 + 7 = ☐
18 − 9 = ☐   ☐ − 6 = ☐   ☐ − 8 = ☐   ☐ − 7 = ☐

2 12 − 6 = ☐   18 − 9 = ☐   14 − 7 = ☐   16 − 8 = ☐
6 + 6 = ☐   ☐ + 9 = ☐   ☐ + 7 = ☐   ☐ + 8 = ☐

3 Immer zwei Aufgaben gehören zusammen.

16 − 8 = ☐   20 − 10 = ☐   6 + 6 = ☐   14 − 7 = ☐

7 + 7 = ☐   12 − 6 = ☐   5 + 5 = ☐

10 − 5 = ☐   8 + 8 = ☐   10 + 10 = ☐

4 Rechne immer zuerst die markierte Aufgabe.

(7 + 7 = 14)

14 − 6	10 − 4	12 − 5	16 − 7	18 − 8
14 − 7	10 − 5	12 − 6	16 − 8	18 − 9
14 − 8	10 − 6	12 − 7	16 − 9	18 − 10

5 A B C D E F G H

6 Wie heißt der Vorgänger von 19? — 18
Wie heißt der Nachfolger von 15? — 16

5 Geldbeträge in Euro und Cent notieren.

AH 57

87

Über die Zehn – Starke Päckchen mit plus

1 Setze fort.

8 + 1 = 　　　　8 + 2 = 　　　　8 + ⬚ =

8 + ⬚ = 　　　　8 + ⬚ = 　　　　8 + ⬚ =

2 Was fällt euch auf?

Die erste Zahl bleibt immer gleich.

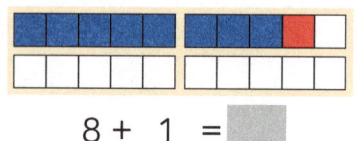

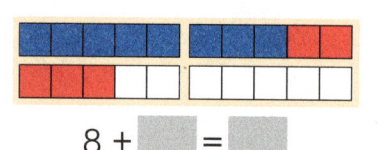

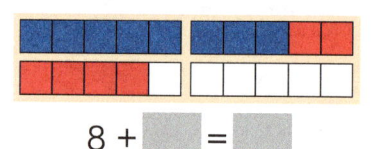

7 + 2 =
7 + 3 =
7 + 4 =
7 + 5 =
7 + ⬚ =

Die zweite Zahl wird immer um 1 größer. Deshalb wird das Ergebnis...

3 Beschreibt.

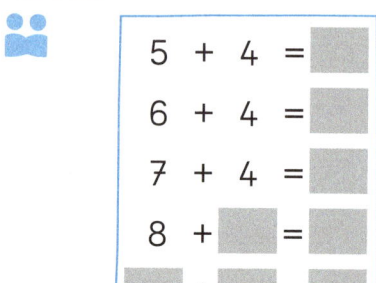

5 + 4 =
6 + 4 =
7 + 4 =
8 + ⬚ =
⬚ + ⬚ =

4

9 + 1 =
9 + 2 =
9 + 3 =
9 + ⬚ =
⬚ + ⬚ =

6 + 4 =
6 + 5 =
6 + 6 =
⬚ + ⬚ =
⬚ + ⬚ =

5 Schreibe eine passende Reihe.

Die erste Zahl bleibt gleich. Die zweite Zahl wird immer um 1 kleiner. Deshalb wird das Ergebnis immer um 1...

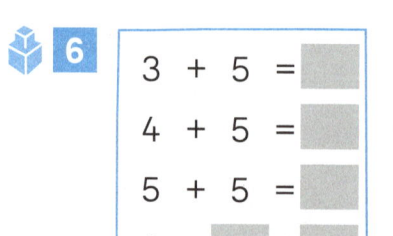

6

3 + 5 =
4 + 5 =
5 + 5 =
6 + ⬚ =
⬚ + ⬚ =

6 + 7 =
7 + 7 =
8 + 7 =
⬚ + ⬚ =
⬚ + ⬚ =

7 Schreibe eine passende Reihe.

Die erste Zahl wird immer um 1 kleiner. Die zweite Zahl bleibt gleich. Deshalb wird das Ergebnis immer um 1...

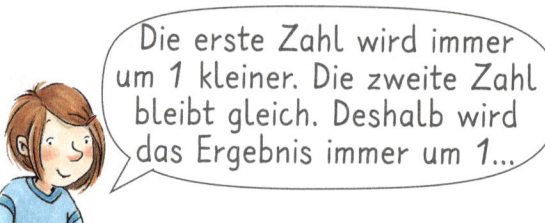

8 Forschen Schreibe eine Aufgabenreihe mit plus, die immer das Ergebnis 10 hat.

„Starke Päckchen": Dem Partner beschreiben, wie sich die Zahlen und das Ergebnis verändern. Evtl. mit Material legen.
5, 7 und 8 Offene Aufgaben. 8 Forscherheft nutzen.

Über die Zehn – Starke Päckchen mit minus

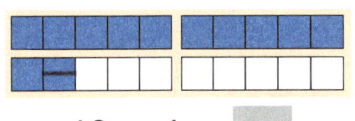

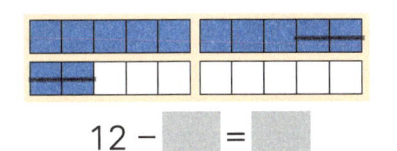

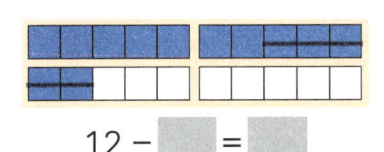

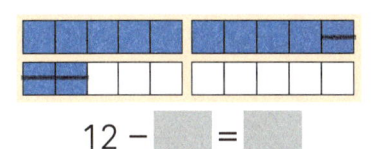

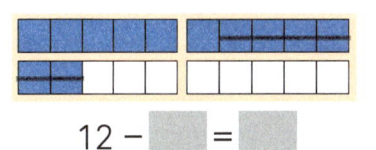

1 Setze fort.

12 − 1 = ☐   12 − 2 = ☐   12 − ☐ = ☐

12 − ☐ = ☐   12 − ☐ = ☐   12 − ☐ = ☐

2 Was fällt euch auf?

Die erste Zahl bleibt immer gleich.

13 − 1 = ☐
13 − 2 = ☐
13 − 3 = ☐
13 − 4 = ☐
13 − ☐ = ☐

Die zweite Zahl wird immer um 1 größer. Deshalb wird das Ergebnis…

3 Beschreibt.

10 − 5 = ☐
11 − 5 = ☐
12 − 5 = ☐
13 − 5 = ☐
☐ − ☐ = ☐

4

15 − 4 = ☐
15 − 5 = ☐
15 − 6 = ☐
15 − ☐ = ☐
☐ − ☐ = ☐

14 − 3 = ☐
14 − 4 = ☐
14 − 5 = ☐
☐ − ☐ = ☐
☐ − ☐ = ☐

5 Schreibe eine passende Reihe.

Die erste Zahl bleibt gleich. Die zweite Zahl wird immer um 1 kleiner. Deshalb wird das Ergebnis immer um 1…

6

16 − 6 = ☐
15 − 6 = ☐
14 − 6 = ☐
13 − ☐ = ☐
☐ − ☐ = ☐

14 − 7 = ☐
13 − 7 = ☐
12 − 7 = ☐
☐ − ☐ = ☐
☐ − ☐ = ☐

7 Schreibe eine passende Reihe.

Die erste Zahl wird immer um 1 größer. Die zweite Zahl bleibt gleich. Deshalb wird das Ergebnis immer um 1…

8 Forschen Schreibe eine Aufgabenreihe mit minus, die immer das Ergebnis 8 hat.

Beim Rechnen über die 10…

„Starke Päckchen": Dem Partner beschreiben, wie sich die Zahlen und das Ergebnis verändern.
Evtl. mit Material legen.
5, 7 und 8 Offene Aufgaben. 8 Forscherheft nutzen.

Geldbeträge bis 20 Euro

1 Schreibe auf, wie viel Geld die Kinder haben. Wer hat das meiste Geld?

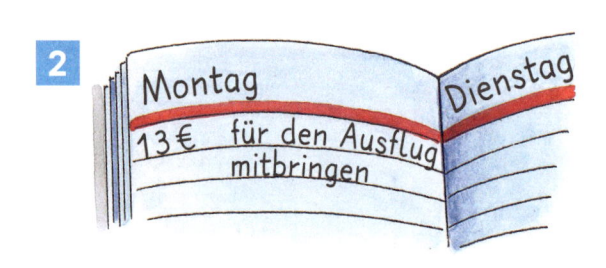

Nina | Kim | Lili | Paul | Uli

2 Montag 13 € für den Ausflug mitbringen — Dienstag

Suche weitere Möglichkeiten zu bezahlen.

3 Lege und zeichne. Verwende möglichst wenige Scheine und Münzen. Besprecht eure Lösungen.

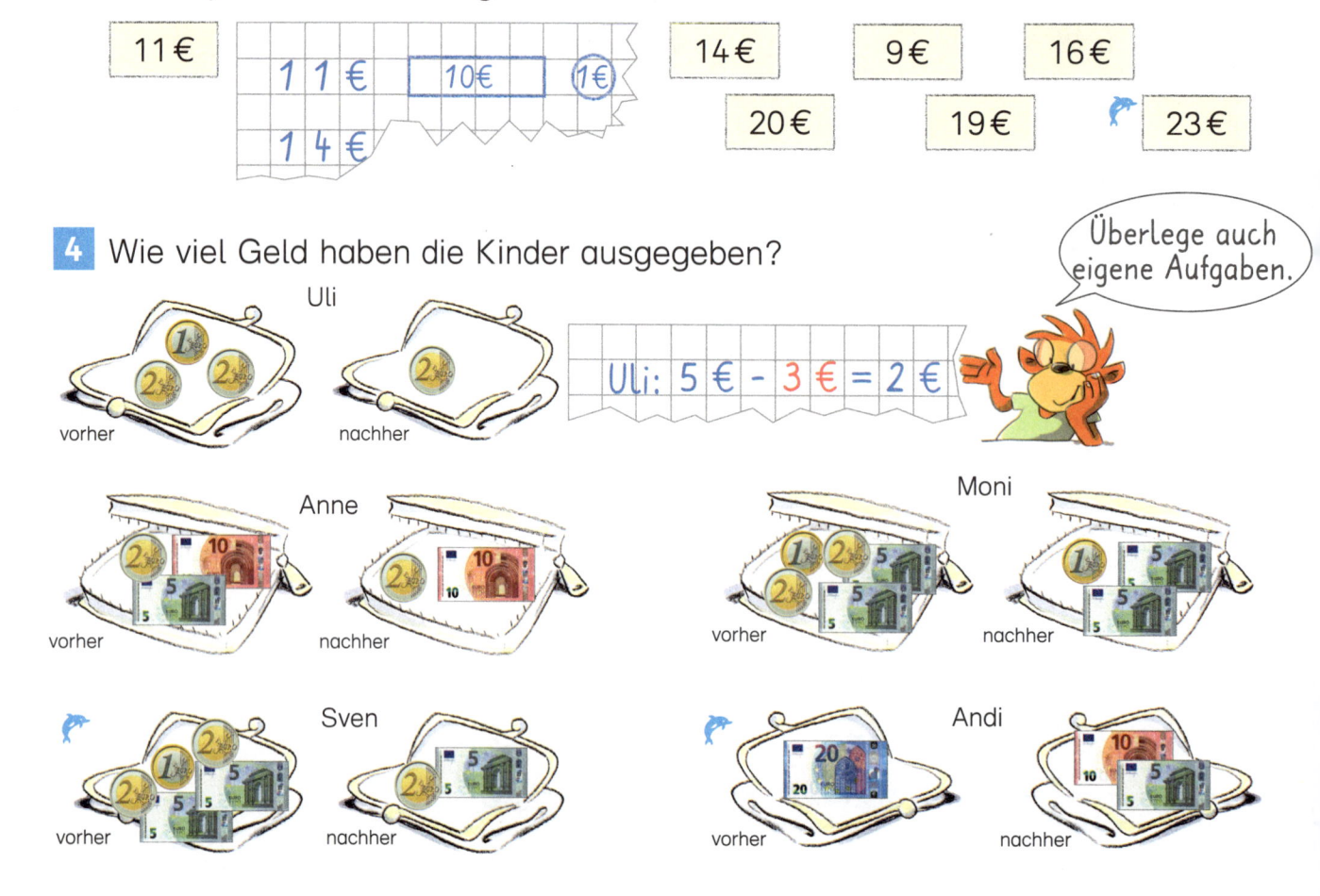

11 €   1 1 €   10 €   1 €
       1 4 €

14 €   9 €   16 €
20 €   19 €   23 €

4 Wie viel Geld haben die Kinder ausgegeben?

Uli: 5 € − 3 € = 2 €

Überlege auch eigene Aufgaben.

Uli — vorher / nachher
Anne — vorher / nachher
Moni — vorher / nachher
Sven — vorher / nachher
Andi — vorher / nachher

5 Knobeln Ist es möglich, 12 € mit drei Scheinen zu legen? Begründe.

2 bis 4 Mit Rechengeld legen.

Geldbeträge bis 20 Cent

1 Schreibe auf, wie viel Geld die Kinder haben. Wer hat das meiste Geld?

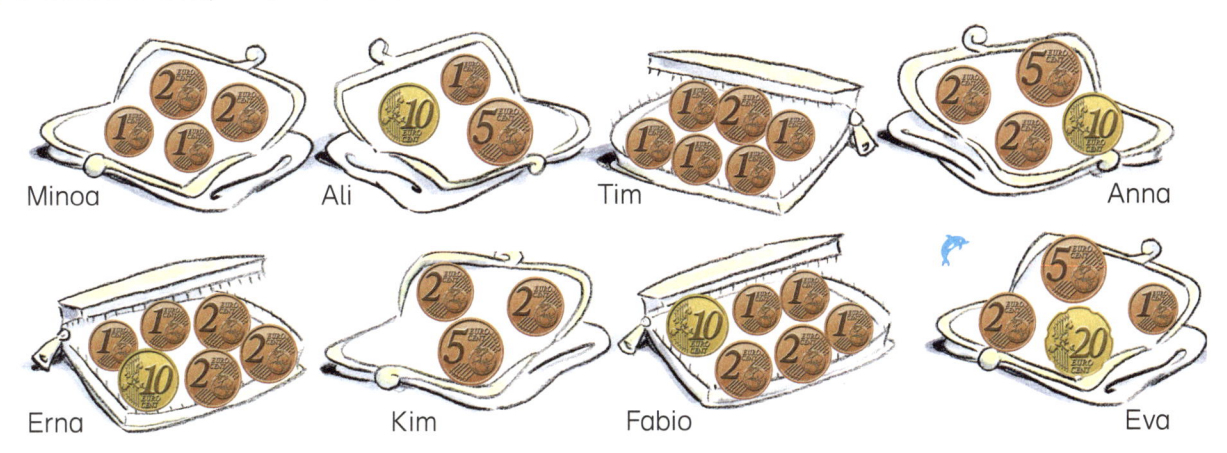

Minoa — Ali — Tim — Anna

Erna — Kim — Fabio — Eva

2 Gesundes Frühstück

1 Apfel 10 ct
1 Brot 20 ct

Mit welchen Münzen kannst du bezahlen? Finde jeweils mehrere Möglichkeiten.

1 Apfel
(5ct) (2ct) (2ct) (2ct) = 10 ct

🐬 Finde alle 11 Möglichkeiten, die 10 ct zu bezahlen.

3 Wie viel Geld fehlt? Lege, zeichne und rechne.

10 Cent — 5, 2
20 Cent — 5
17 Cent — 5, 5, 2

15 Cent — 10
18 Cent — 10

5 Cent — 5
13 Cent — 1, 2

(5ct) (2ct) (2ct) (1ct)
7 ct + 3 ct = 10 ct

4 Knobeln

Anton: Kann ich mit 6 Münzen 18 ct legen?

Marie: Kann ich mit 5 Münzen 20 ct legen?

Mert: Kann ich mit 8 Münzen 25 ct legen?

2 Thematisieren, dass es sich um ein Schulprojekt „Gesundes Frühstück" handelt, bei dem die Preise einen symbolischen Charakter haben.
2 bis 4 Mit Rechengeld legen. 4 Lösungen mit Münzen ausprobieren. Forscherheft nutzen.

Kombi — Sachsituationen – Plus- und Minusaufgaben mit Geld

1 Die Kinder kaufen ein. Wie viel müssen sie bezahlen?

Mara
12 € + 7 € =

Mara · Tino

Emma · Ina · Tom

2

Emre · Aleyna

Mia · Yuma

3 Was würdest du kaufen? Schreibe passende Rechnungen.

92 AH 60

Zum Bild erzählen. **1** und **2** Mit Rechengeld legen.
Die Seiten 92 und 93 können zum jahrgangskombinierten Arbeiten verwendet werden,
vgl. Denken und Rechnen Klasse 2, Seiten 92 und 93.

Kombi

4 Wie viel Geld hat jedes Kind? Überlegt, was sie jeweils kaufen können.

Nina   Tarek   Sara   Beni

5 Was haben die Kinder gekauft? Besprecht. Findet mehrere Möglichkeiten.

Ich habe 15 € bezahlt. — Suri

Ich habe 3 Dinge gekauft und genau 20 € bezahlt. — Taro

6 Wie viel Geld fehlt noch?

7 Wie viel Geld bleibt übrig?

Oskar hat

Er kauft

Wenn ich einkaufe, muss ich Geld ausgeben, also rechne ich minus.

10 € − 9 € =

Lucie hat

Sie kauft

Ella hat

Sie kauft

Beim Rechnen mit Euro und Cent…

6 und 7 Mit Rechengeld legen. Ergänzen bzw. wegnehmen.   AH 60

Wiederholung

1 Schreibe die Zahlenfolgen auf.

immer +2   0, 2, 4, ... 14   immer −2   20, 18, 16, ... 10

immer +3   0, 3, 6, ... 18   immer −5   20, 15, ... 0

2 Wie viele Personen dürfen noch mitfahren?

10 Personen

4 + ☐ = 10   7 + ☐ = 10
8 + ☐ = 10   9 + ☐ = 10
6 + ☐ = 10   10 + ☐ = 10   1 + ☐ = 10
3 + ☐ = 10   5 + ☐ = 10   2 + ☐ = 10

Das muss ich im Schlaf können!

3
10 − 3   10 − 7   10 − 10   10 − 8
10 − 6   10 − 5   10 − 1   10 − 2
10 − 9   10 − 4   10 − 0   20 − 10

4
12 − ☐ = 10   17 − ☐ = 10   18 − ☐ = 10   20 − ☐ = 10
19 − ☐ = 10   16 − ☐ = 10   13 − ☐ = 10   11 − ☐ = 10
14 − ☐ = 10   10 − ☐ = 10   15 − ☐ = 10   10 − ☐ = 0

5 Schreibe jeweils fünf passende Aufgaben.

☐ + ☐ < 10   ☐ + ☐ = 10   ☐ + ☐ > 10   ☐ − ☐ = 10

6
11 + 2   16 + 4   17 − 1   20 − 5   14 − 3
11 + 3   16 + 3   17 − 2   20 − 4   14 − 2
11 + 4   16 + 2   17 − 3   20 − 3   14 − 1

7 Rechne. Manchmal hilft die Tauschaufgabe.

2 + 11   12 + 4   3 + 15   5 + 15   4 + 12
13 + 7   5 + 14   13 + 6   3 + 17   14 + 3
1 + 18   2 + 18   4 + 16   18 + 0   3 + 16

5 Offene Aufgabe.

Über die Zehn – Rechnen mit drei Zahlen

1 Finde die Aufgaben zu den Luftballons. Vergleicht und besprecht.

7 + 3 + 2
3 + 2 + 7

2 Suche verschiedene Aufgaben zu jedem Bild. Wie rechnest du am leichtesten?

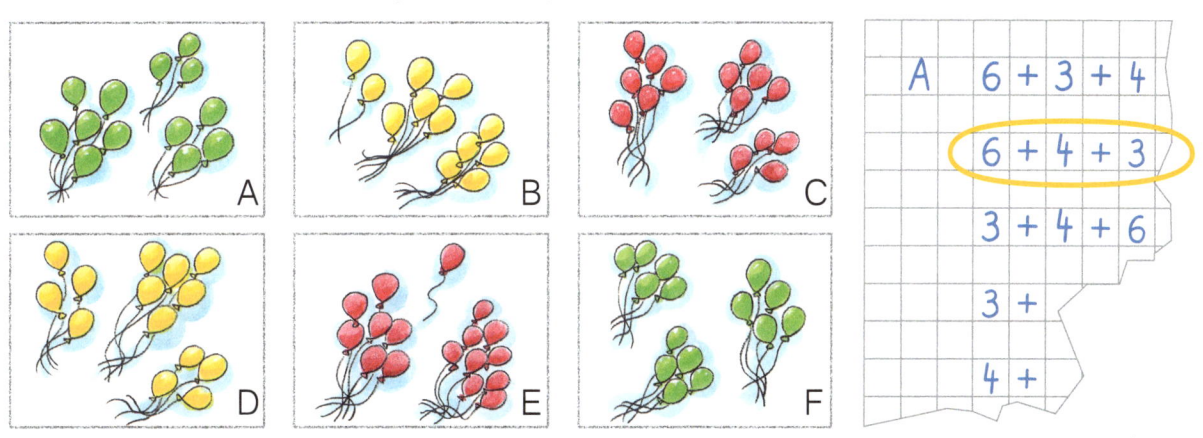

A   B   C   D   E   F

A 6 + 3 + 4
   6 + 4 + 3
   3 + 4 + 6
   3 +
   4 +

3 Schreibe zu jedem Kärtchen die Plusaufgabe, die dir am leichtesten fällt.

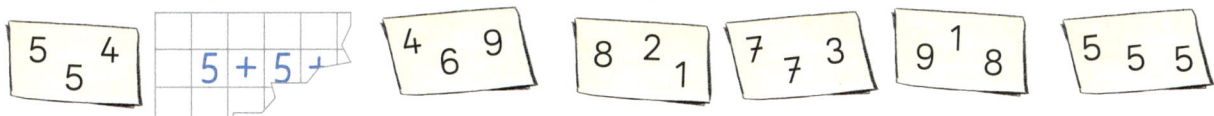

5 4   5 + 5 +   4 9   8 2   7 3   9 1   5 5
  5   6   1   7   8   5

4 Rechne geschickt. Besprecht eure Rechenwege.

3 + 7 = 10   9 + 1 = 10   5 + 5 = 10   4 + 6 = 10

3 + 7 + 2   9 + 2 + 1   2 + 5 + 5   4 + 6 + 3
1 + 9 + 5   3 + 5 + 7   6 + 8 + 4   2 + 6 + 8
8 + 2 + 9   4 + 2 + 6   8 + 1 + 2   9 + 7 + 1
5 + 5 + 3   5 + 1 + 5   7 + 9 + 3   3 + 3 + 7

5 Welches Rechenzeichen passt? Setze ein. + −

12 ○ 3 = 15   20 ○ 1 = 19   14 ○ 4 = 18   15 ○ 5 = 20
17 ○ 2 = 19   18 ○ 1 = 19   18 ○ 4 = 14   15 ○ 5 = 10

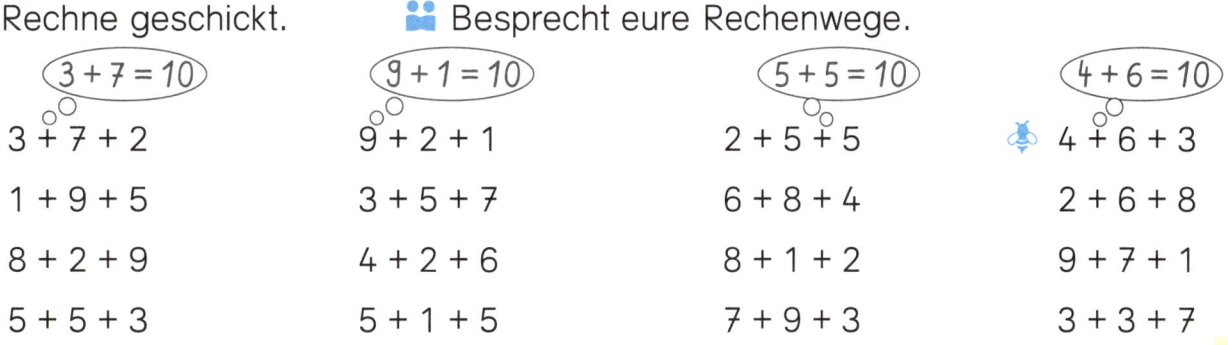

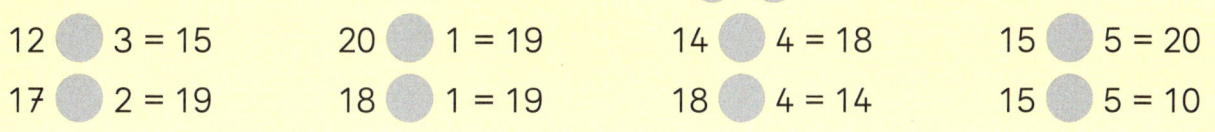

Über die Zehn in zwei Schritten – Plus

1 Lege und rechne in zwei Schritten.

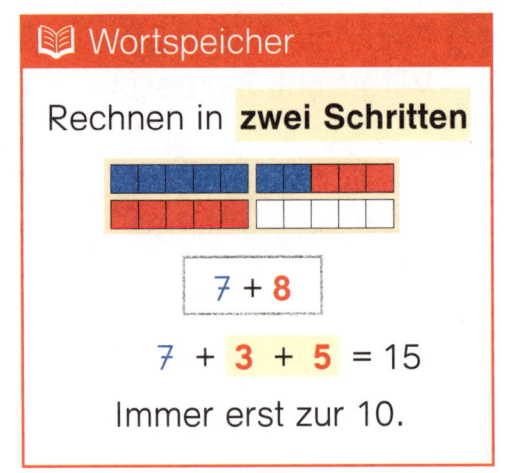

"Bis zur 10 sind es 3." "Und dann noch 5."

7 + 8

Wortspeicher

Rechnen in **zwei Schritten**

7 + 8

7 + 3 + 5 = 15

Immer erst zur 10.

2 Immer erst zur 10.

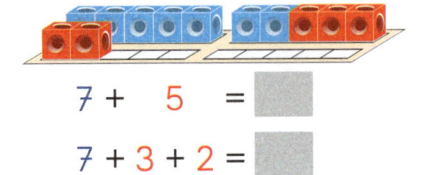

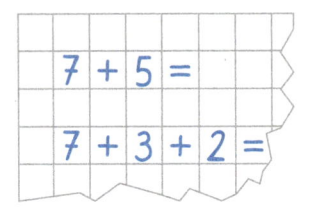

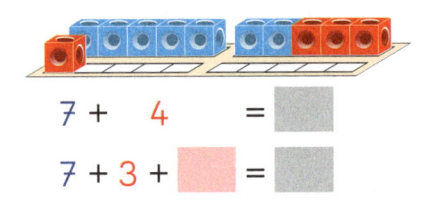

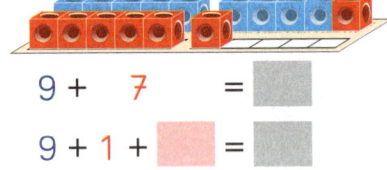

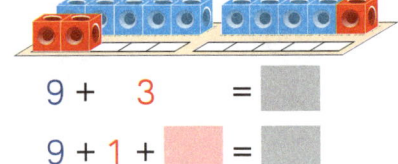

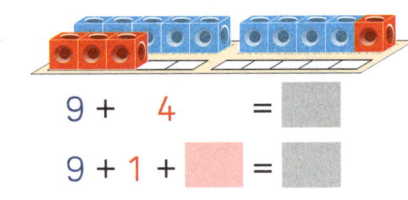

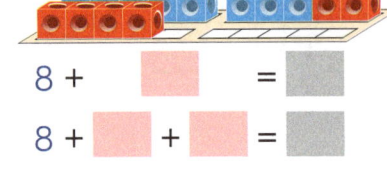

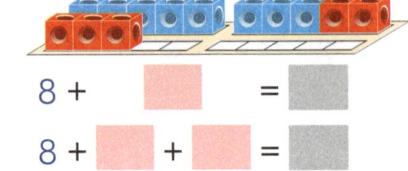

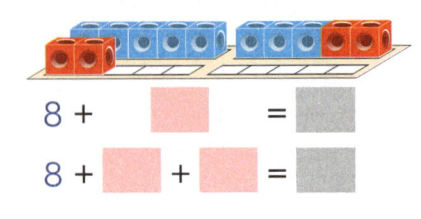

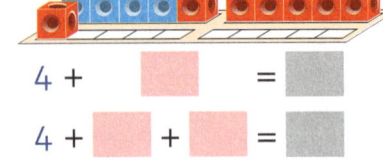

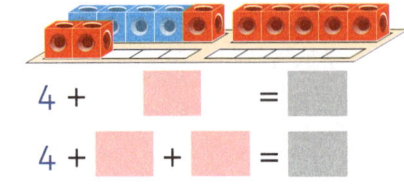

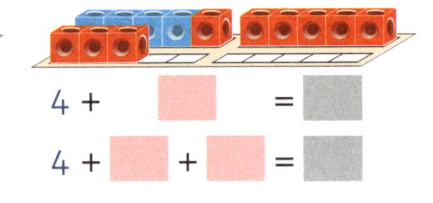

7 + 5 =
7 + 3 + 2 =

7 + 5 =
7 + 3 + 2 =

7 + 4 =
7 + 3 + ☐ =

9 + 7 =
9 + 1 + ☐ =

9 + 3 =
9 + 1 + ☐ =

9 + 4 =
9 + 1 + ☐ =

8 + ☐ =
8 + ☐ + ☐ =

8 + ☐ =
8 + ☐ + ☐ =

8 + ☐ =
8 + ☐ + ☐ =

4 + ☐ =
4 + ☐ + ☐ =

4 + ☐ =
4 + ☐ + ☐ =

4 + ☐ =
4 + ☐ + ☐ =

3 Lege und rechne.

9 + 5	6 + 7	5 + 8	🐝 8 + 3	🐝 8 + 5
9 + 6	6 + 8	5 + 7	9 + 2	3 + 9
9 + 8	6 + 5	5 + 9	8 + 7	4 + 7
9 + 9	6 + 9	5 + 6	8 + 9	3 + 8

Wortspeicher nutzen.
1 bis **3** Immer erst zur 10, dann den Rest des zweiten Summanden addieren.
Evtl. mit Material legen. Zwanzigerfeld zum Ausklappen verwenden.

4

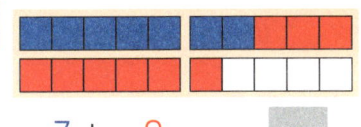

7 + 9 = ☐
7 + 3 + ☐ = ☐

Bis 10 sind es 3 ...
... und dann noch 6.

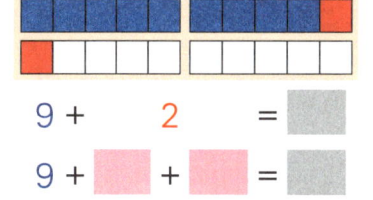

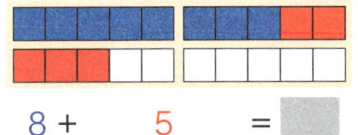

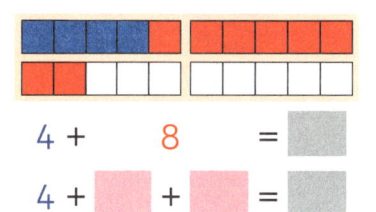

9 + 2 = ☐
9 + ☐ + ☐ = ☐

8 + 5 = ☐
8 + ☐ + ☐ = ☐

6 + 5 = ☐
6 + ☐ + ☐ = ☐

4 + 8 = ☐
4 + ☐ + ☐ = ☐

5 Rechne. Besprecht eure zwei Rechenschritte.

8 + 4	6 + 4	2 + 9	7 + 6	4 + 7
6 + 6	7 + 5	7 + 4	3 + 9	8 + 8
5 + 8	9 + 9	9 + 5	4 + 9	6 + 8

6 Was haben die Kinder falsch gemacht? Erklärt die Fehler und rechnet richtig.

Sprecht auch über eigene Fehler.

8 + 4
8 + 2 + 4 = 14
Franz

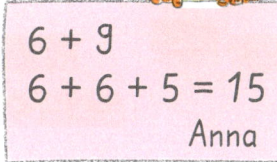

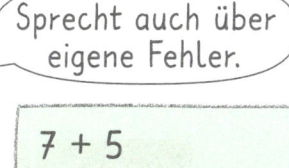

5 + 7
5 + 4 + 2 = 11
Maria

6 + 9
6 + 6 + 5 = 15
Anna

7 + 5
7 + 3 + 8 = 18
Max

7 Schreibe auf, mit welcher Rechnung du die Aufgabe am leichtesten löst. Sprecht über Rechenwege, die ihr nicht versteht. Vergleicht.

8 + 6	7 + 8	5 + 8	6 + 7
8 + 8 − 2	7 + 5 + 3	5 + 5 + 3	6 + 6 + 1
8 + 5 + 1	7 + 3 + 5	8 + 4 + 1	6 + 3 + 4
8 + 2 + 4	7 + 7 + 1	5 + 10 − 2	6 + 4 + 3

8 Forschen Beschreibe.

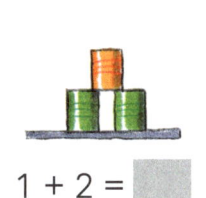

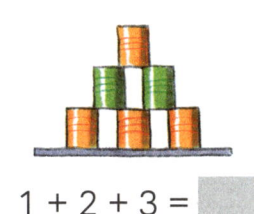

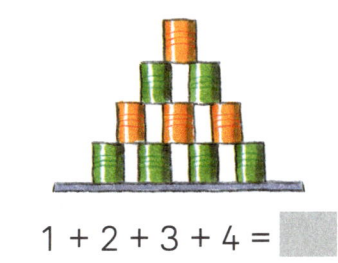

Wie geht es weiter?

1 + 2 = ☐   1 + 2 + 3 = ☐   1 + 2 + 3 + 4 = ☐

6 Fehleranalyse: Fehler erklären und berichtigen.
8 Aufgabenmuster begründen. Zeichnerisch und evtl. rechnerisch fortsetzen. Forscherheft nutzen.

Über die Zehn in zwei Schritten – Minus

1 Wie rechnen die Kinder?

"Ich rechne erst bis zur 10. Dazu nehme ich 2 weg. Dann noch 5."

12 – 7 =

12 – 7 =
12 – 2 – 5

Wortspeicher

Rechnen in **zwei Schritten**

12 – 7

12 – **2** – **5** = 5

Immer erst zurück zur 10.

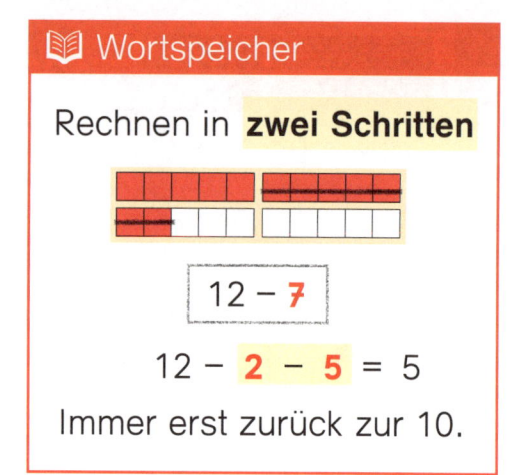

2 Immer erst zurück zur 10.

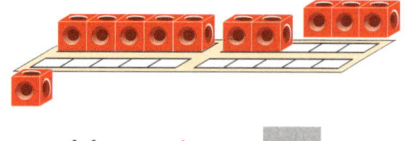

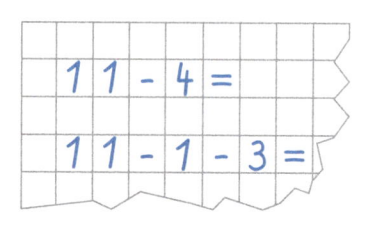

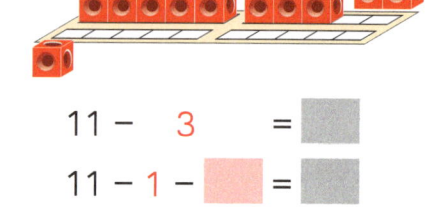

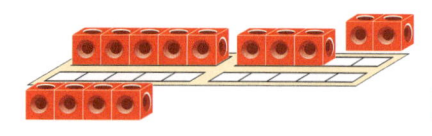

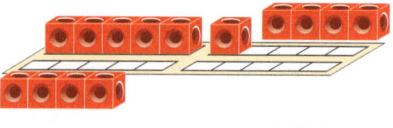

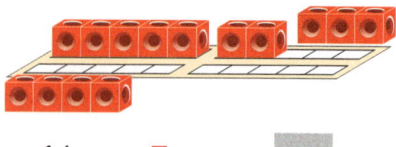

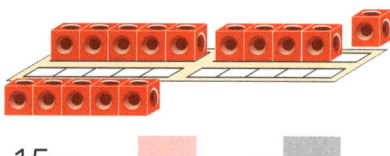

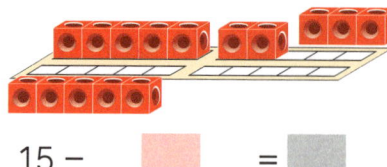

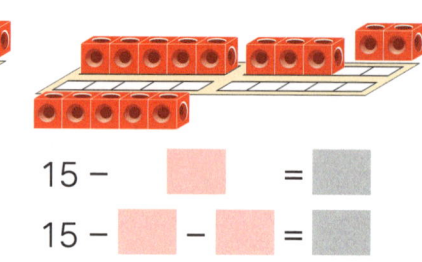

11 – 4 =
11 – 1 – 3 =

11 – 4 =
11 – 1 – 3 =

11 – 3 =
11 – 1 – ☐ =

14 – 6 =
14 – 4 – ☐ =

14 – 8 =
14 – 4 – ☐ =

14 – 7 =
14 – 4 – ☐ =

15 – ☐ =
15 – ☐ – ☐ =

15 – ☐ =
15 – ☐ – ☐ =

15 – ☐ =
15 – ☐ – ☐ =

---

3 Lege und rechne.

13 – 6	12 – 4	14 – 5	🐝 16 – 7	🐝 11 – 6
13 – 4	12 – 5	15 – 6	16 – 6	12 – 8
13 – 7	12 – 7	17 – 8	16 – 8	13 – 9
13 – 8	12 – 9	18 – 9	16 – 9	11 – 5

98 AH 62 Wortspeicher nutzen. Thematisieren, dass die Umkehraufgabe zum Prüfen genutzt werden kann.
1 Legen, erklären, Rechenweg beschreiben.
3 Evtl. mit Material legen. Zwanzigerfeld zum Ausklappen verwenden.

4

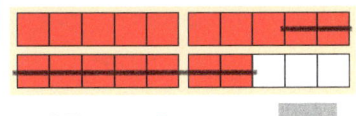

17 − 9 = ☐
17 − 7 − ☐ = ☐

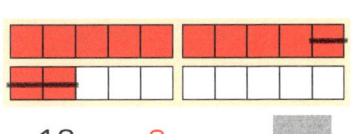

12 − 3 = ☐
12 − 2 − ☐ = ☐

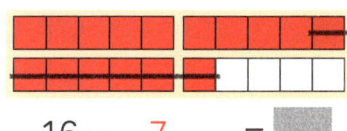

16 − 7 = ☐
16 − 6 − ☐ = ☐

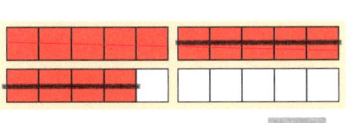

14 − 9 = ☐
14 − 4 − ☐ = ☐

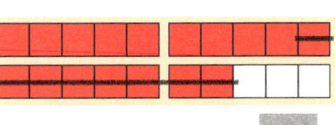

17 − 8 = ☐
17 − 7 − ☐ = ☐

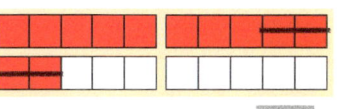

12 − 4 = ☐
12 − 2 − ☐ = ☐

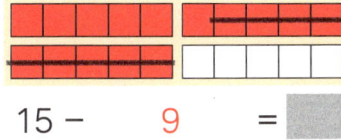

15 − 9 = ☐
15 − ☐ − ☐ = ☐

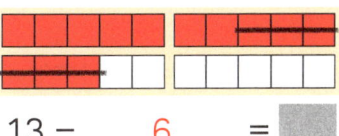

13 − 6 = ☐
13 − ☐ − ☐ = ☐

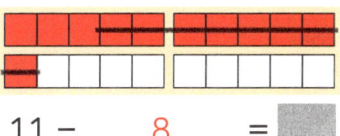

11 − 8 = ☐
11 − ☐ − ☐ = ☐

5 Rechne.   Besprecht eure zwei Rechenschritte.

14 − 4	12 − 4	11 − 2	15 − 8	13 − 5
14 − 5	13 − 4	11 − 3	16 − 8	13 − 7
14 − 7	11 − 4	11 − 5	13 − 8	13 − 9

6

12 − ☐ = ☐

☐ − ☐ = ☐

7 Was haben die Kinder falsch gemacht? Erklärt die Fehler und rechnet richtig.

Sprecht auch über eigene Fehler.

15 − 7
15 − 2 − 5 = 5
Max

11 − 4
11 − 1 − 4 = 6
Sophie

14 − 8
14 − 7 − 1 = 7
Marie

13 − 6
13 − 3 − 9 = 1
Marius

8 Forschen   Rechne Minusaufgaben mit dem Ergebnis 9.

6 Zu den Bildern erzählen und rechnen.
8 Forscherheft nutzen.

Über die Zehn – Zahlenstrahl

1 Am Zahlenstrahl zurück.

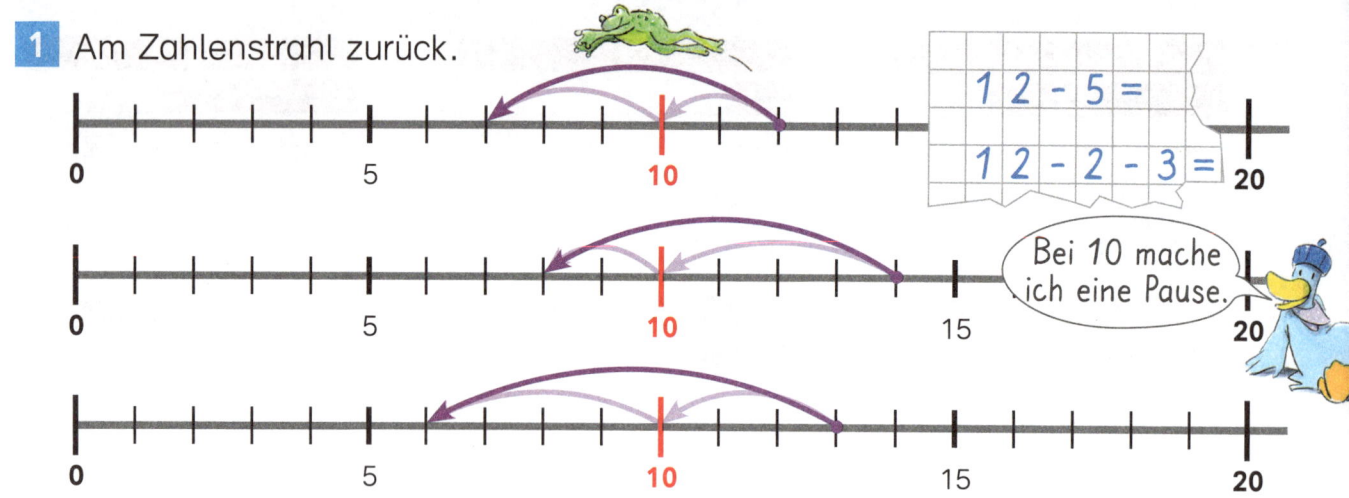

$12 - 5 =$
$12 - 2 - 3 =$

Bei 10 mache ich eine Pause.

2   − 4

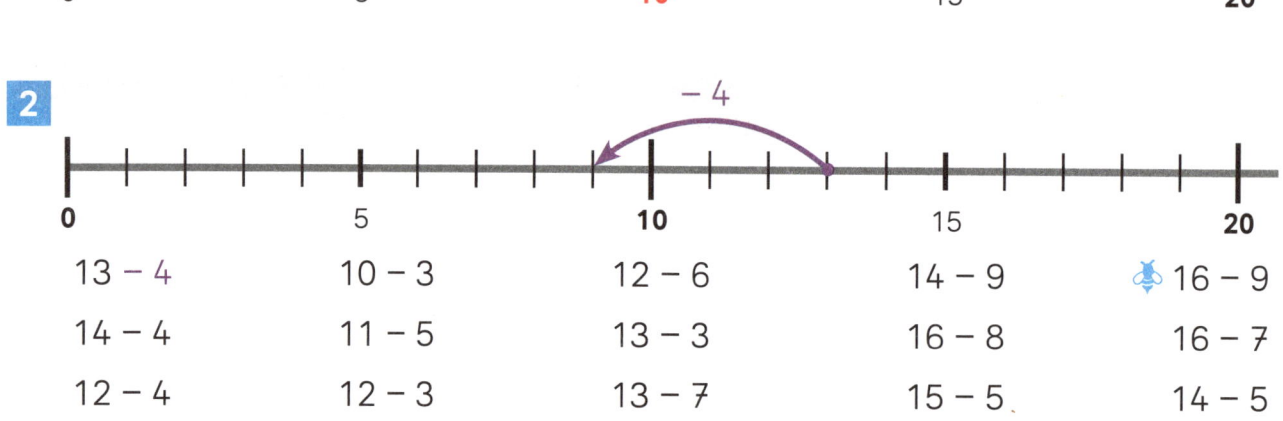

13 − 4	10 − 3	12 − 6	14 − 9	🐝 16 − 9
14 − 4	11 − 5	13 − 3	16 − 8	16 − 7
12 − 4	12 − 3	13 − 7	15 − 5	14 − 5

3 Am Zahlenstrahl vorwärts.

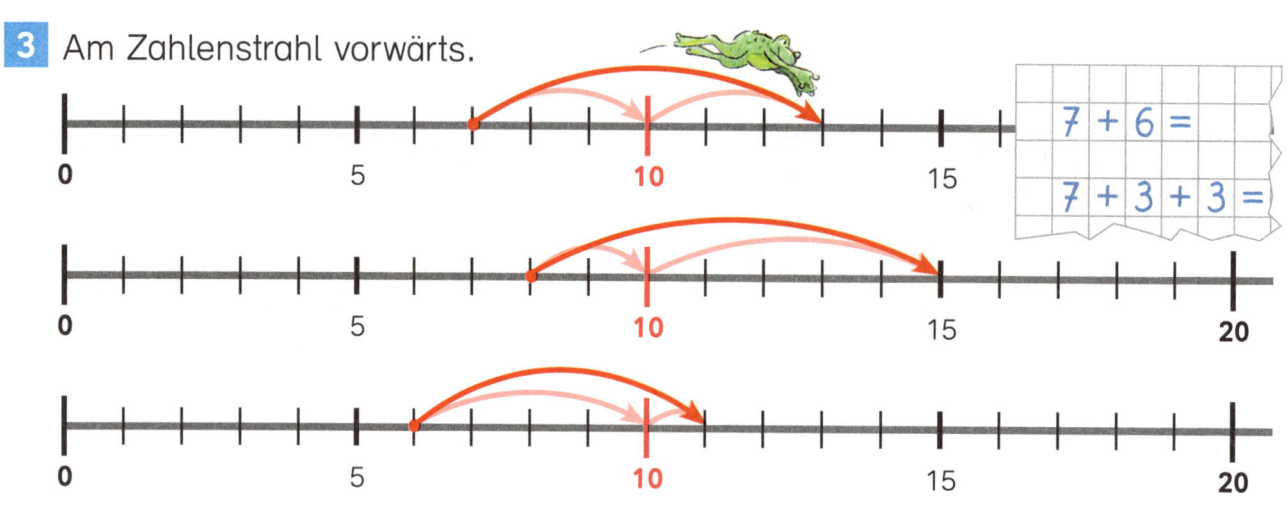

$7 + 6 =$
$7 + 3 + 3 =$

4   + 6

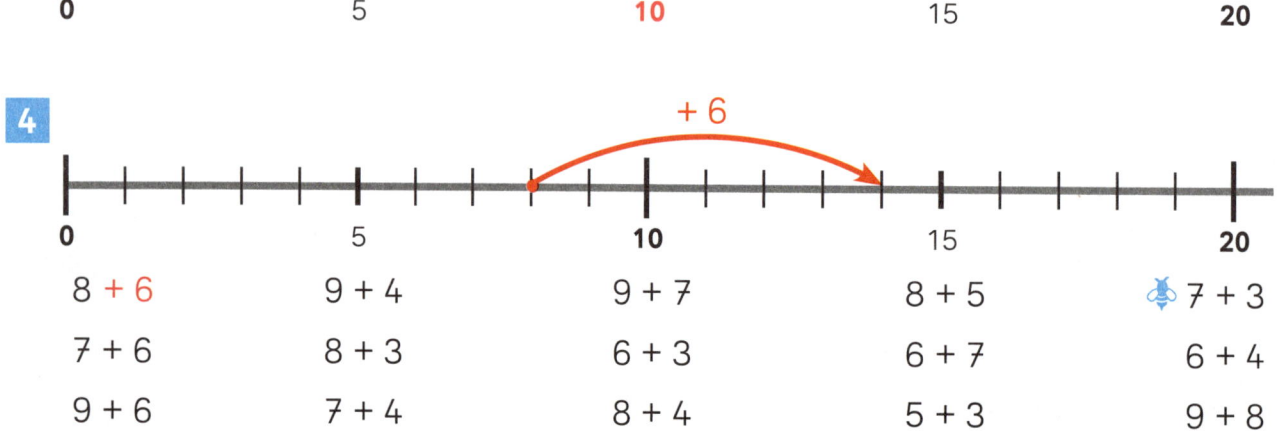

8 + 6	9 + 4	9 + 7	8 + 5	🐝 7 + 3
7 + 6	8 + 3	6 + 3	6 + 7	6 + 4
9 + 6	7 + 4	8 + 4	5 + 3	9 + 8

Über die Zehn – Nachbaraufgaben mit 9

1 Aufgaben mit 9
4 + 9
4 + 10 = 14
14 − 1 = ☐

"Ich rechne erst mit 10."
"… und dann 1 weniger."

Wie rechnest du?
Vergleicht und besprecht den Lösungsweg der Kinder.

2 Rechne erst die passende Aufgabe mit 10.

13 − 1			
3 + 10 = ☐	5 + ☐ = ☐	2 + ☐ = ☐	☐ + ☐ = ☐
3 + 9 = ☐	5 + 9 = ☐	2 + 9 = ☐	4 + 9 = ☐

3 Rechne. Besprecht eure zwei Rechenschritte.

| 7 + 9 | 9 + 3 | 9 + 6 | 9 + 2 | 🐬 9 + 12 |
| 6 + 9 | 9 + 4 | 9 + 8 | 9 + 5 | 9 + 15 |

4 Aufgaben mit 9
14 − 9
14 − 10 = 4
4 + 1 = ☐

"Ich rechne erst mit 10."
"…und dann 1 mehr."

Wie rechnest du?
Vergleicht und besprecht den Lösungsweg der Kinder.

5 Rechne erst die passende Aufgabe mit 10.

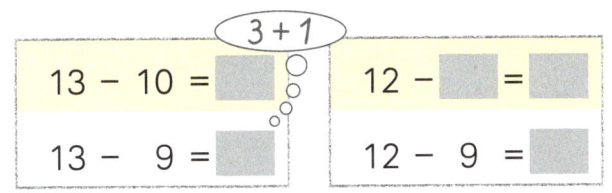

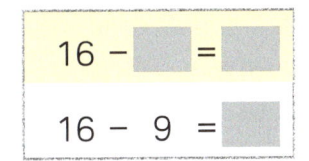

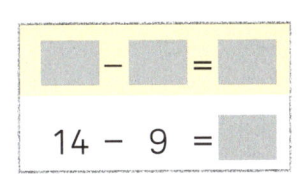

3 + 1			
13 − 10 = ☐	12 − ☐ = ☐	16 − ☐ = ☐	☐ − ☐ = ☐
13 − 9 = ☐	12 − 9 = ☐	16 − 9 = ☐	14 − 9 = ☐

6 Rechne. Besprecht eure zwei Rechenschritte.

| 12 − 9 | 14 − 9 | 20 − 9 | 11 − 9 | 🐬 21 − 9 |
| 13 − 9 | 18 − 9 | 17 − 9 | 15 − 9 | 25 − 9 |

1 bis 6 Rechenstrategien für Aufgaben mit 9 beschreiben, erklären und anwenden.

Über die Zehn – Lösungswege

1 Wie rechnest du?

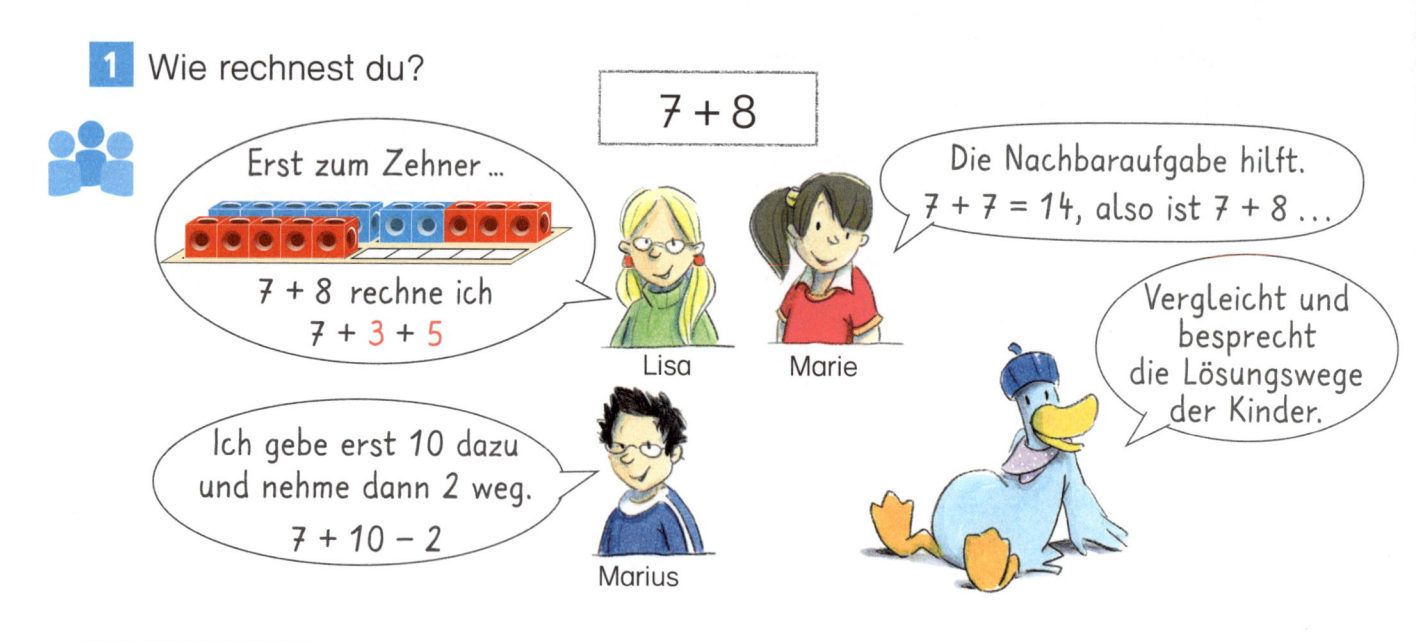

7 + 8

Lisa: Erst zum Zehner ... 7 + 8 rechne ich 7 + 3 + 5

Marie: Die Nachbaraufgabe hilft. 7 + 7 = 14, also ist 7 + 8 ...

Marius: Ich gebe erst 10 dazu und nehme dann 2 weg. 7 + 10 – 2

Vergleicht und besprecht die Lösungswege der Kinder.

2 8 + 9 Rechne wie Lisa, Marie und Marius. Welcher Rechenweg fällt dir leicht?

3 Rechne und prüfe mit der Umkehraufgabe. Besprecht eure Lösungswege.

| 7 + 6 | 5 + 7 | 7 + 8 | 8 + 9 | 8 + 3 | 🐝 8 + 5 |
| 5 + 6 | 6 + 7 | 9 + 6 | 9 + 4 | 7 + 4 | 9 + 7 |

4

14 – 8

Marie: Die Nachbaraufgabe hilft. 14 – 7 = 7, also ist 14 – 8 = ...

Marius: 14 – 10 + 2

Lisa: Erst zum Zehner... 14 – 8 rechne ich 14 – 4 – 4

Vergleicht und besprecht die Lösungswege der Kinder.

5 13 – 7 Rechne wie Marie, Marius und Lisa. Welcher Rechenweg fällt dir leicht?

6 Rechne und prüfe mit der Umkehraufgabe. Besprecht eure Lösungswege.

11 – 5	14 – 8	13 – 6	16 – 7	🐝 15 – 7
16 – 9	12 – 7	15 – 6	13 – 4	11 – 6
15 – 8	11 – 4	12 – 6	14 – 5	13 – 8

Beim Rechnen über die 10...

Einspluseins-Sätze

1 Forschen Wie sind die Aufgaben angeordnet?

Rechne alle Aufgaben mit plus 8.

Rechne alle Aufgaben, die mit der Zahl 7 beginnen.

Rechne alle Aufgaben mit zwei gleichen Zahlen.

🐬 Rechne alle Aufgaben mit dem Ergebnis 12.

Wähle selbst Aufgaben zum Rechnen aus.

								1 + 10
							2 + 9	2 + 10
						3 + 8	3 + 9	3 + 10
					4 + 7	4 + 8	4 + 9	4 + 10
				5 + 6	5 + 7	5 + 8	5 + 9	5 + 10
			6 + 5	6 + 6	6 + 7	6 + 8	6 + 9	6 + 10
		7 + 4	7 + 5	7 + 6	7 + 7	7 + 8	7 + 9	7 + 10
	8 + 3	8 + 4	8 + 5	8 + 6	8 + 7	8 + 8	8 + 9	8 + 10
9 + 2	9 + 3	9 + 4	9 + 5	9 + 6	9 + 7	9 + 8	9 + 9	9 + 10

2 Forschen Wie sind die Aufgaben angeordnet?

11 − 2	11 − 3	11 − 4	11 − 5	11 − 6	11 − 7	11 − 8	11 − 9	11 − 10
	12 − 3	12 − 4	12 − 5	12 − 6	12 − 7	12 − 8	12 − 9	12 − 10
		13 − 4	13 − 5	13 − 6	13 − 7	13 − 8	13 − 9	13 − 10
			14 − 5	14 − 6	14 − 7	14 − 8	14 − 9	14 − 10
				15 − 6	15 − 7	15 − 8	15 − 9	15 − 10
					16 − 7	16 − 8	16 − 9	16 − 10
						17 − 8	17 − 9	17 − 10
							18 − 9	18 − 10
								19 − 10

Rechne alle Aufgaben mit minus 7.

Rechne alle Aufgaben, die mit der Zahl 13 beginnen.

🐬 Rechne alle Aufgaben mit dem Ergebnis 8.

🐬 Rechne alle Aufgaben, deren Ergebnis kleiner als 4 ist.

Wähle selbst Aufgaben zum Rechnen aus.

1 und 2 Anordnung, Gesetzmäßigkeiten und mathematische Muster der Einspluseinsfelder beschreiben.

Lernumgebung – Zahlenmauern

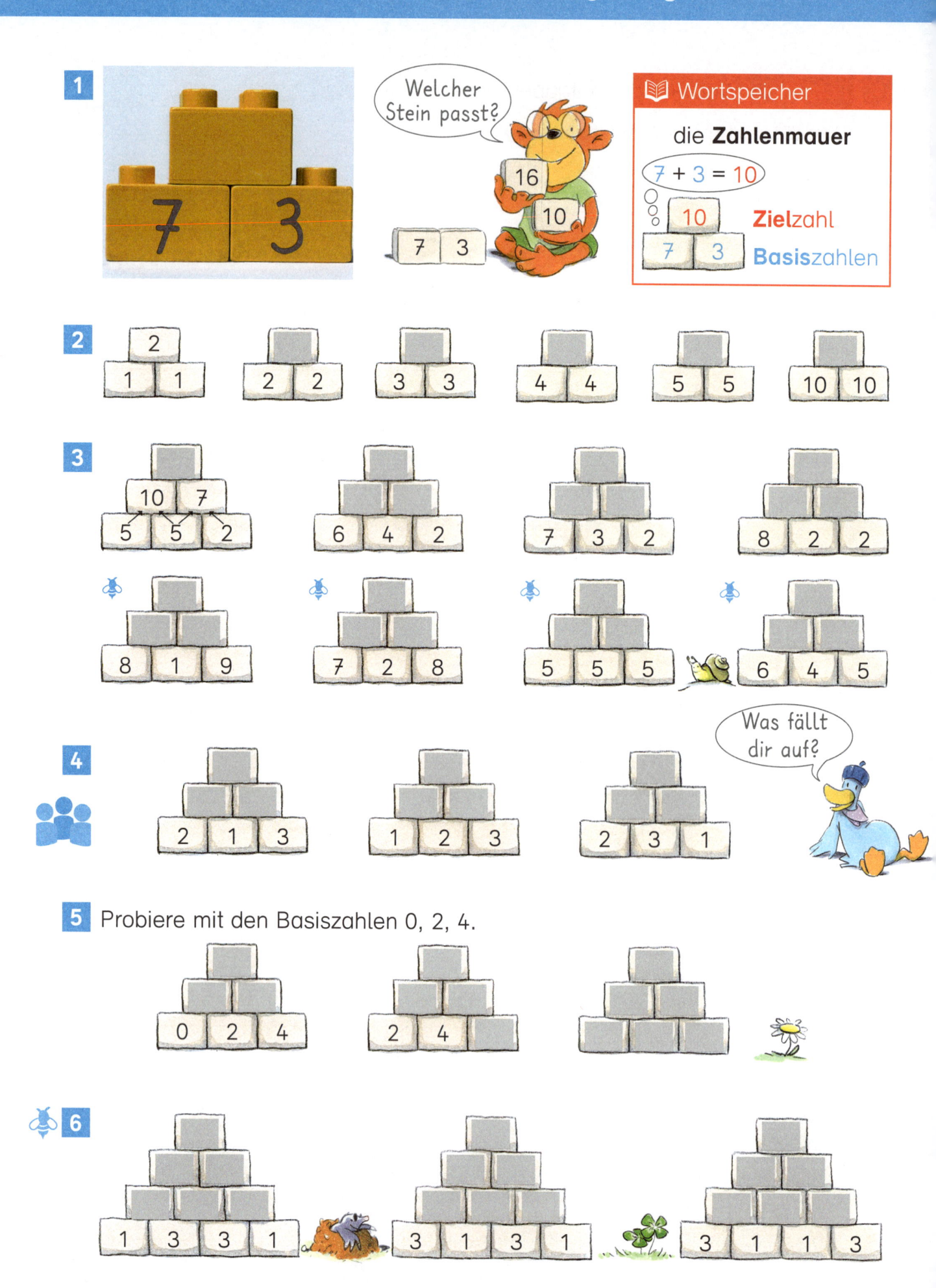

1 Welcher Stein passt?

Wortspeicher
die **Zahlenmauer**
7 + 3 = 10
10 **Ziel**zahl
7 3 **Basis**zahlen

2
| 2 | | | | | |
| 1 1 | 2 2 | 3 3 | 4 4 | 5 5 | 10 10 |

3
10 7
5 5 2 | 6 4 2 | 7 3 2 | 8 2 2

8 1 9 | 7 2 8 | 5 5 5 | 6 4 5

4
2 1 3 | 1 2 3 | 2 3 1

Was fällt dir auf?

5 Probiere mit den Basiszahlen 0, 2, 4.
0 2 4 | 2 4 |

6
1 3 3 1 | 3 1 3 1 | 3 1 1 3

104 AH 66

Wortspeicher nutzen. Das Ergebnis der Plusaufgabe zweier Zahlen steht im Stein darüber.
4 bis 6 Besprechen, warum gleiche Basiszahlen zu unterschiedlichen Zielzahlen führen können.
4 Diff.: Mit den restlichen Anordnungen der Basiszahlen 1, 2, 3 rechnen.

7

top	4	5	6	7	8	10
bottom	2 _	3 _	4 _	5 _	6 _	7 _

8

Zahlenmauern:
- 8 / 5, _ / 3, _, _
- _ / 3, 6 / _, 2, _
- _ / 7, 3 / _, 2, _
- 10 / 7, _ / _, 0, _

- 7 / 4, _ / _, _, 2
- 8 / 4, _ / _, _, 2
- 9 / 4, _ / _, _, 2
- 10 / 4, _ / _, _, 2

- 10 / 5, _ / _, _, 1
- 15 / 5, _ / _, _, 5
- 20 / 10, _ / _, _, 10
- 20 / 15, _ / _, _, 0

9

- 10 / 5, _ / 3, _, _ / 1, 0, _, _
- 20 / 10, _ / 6, _, 3 / 5, _, 3, _
- 19 / _, 9 / _, 4 / _, _, _, 2

10 Knobeln Finde passende Zahlen.

Tipp: Überlege, wo du anfängst, die Zahlen einzutragen.

- 16 (vierstöckig)
- 24 (vierstöckig)
- 1 (dreistöckig)

11 Forschen Schreibe eigene Zahlenmauern.

---

7 bis 9 Vervollständigen durch Ergänzen, Plus- oder Minusrechnen.
10 Mehrere Möglichkeiten.
11 Offene Aufgabe. Forscherheft nutzen.

AH 66

Beim Bearbeiten von Zahlenmauern…

Wiederholung

1
7 + 4	6 + 6	9 + 7	6 + 9	8 + 8
5 + 6	7 + 3	8 + 6	4 + 8	9 + 4
9 + 3	8 + 5	7 + 5	7 + 8	9 + 9
7 + 6	9 + 6	8 + 7	5 + 9	4 + 4

2
15 − 7	16 − 8	11 − 8	17 − 8	14 − 8
13 − 6	15 − 6	16 − 9	14 − 7	15 − 9
12 − 4	12 − 6	12 − 7	15 − 8	13 − 9
11 − 5	17 − 9	18 − 9	16 − 7	12 − 8

3 Welches Rechenzeichen passt? Setze ein. + −

5 ○ 4 = 9   5 + 4 = 9   18 ○ 2 = 16   13 ○ 3 = 16
5 ○ 4 = 1   18 ○ 2 = 20   13 ○ 3 = 10
7 ○ 3 = 4   15 ○ 4 = 19 17 ○ 2 = 19   15 ○ 5 = 10
7 ○ 3 = 10   15 ○ 4 = 11 17 ○ 2 = 15   15 ○ 5 = 20

4 Notiere die Anzahl der Flächenformen.

5 Male die Bilder der Kinder ab.

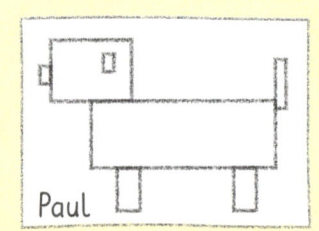

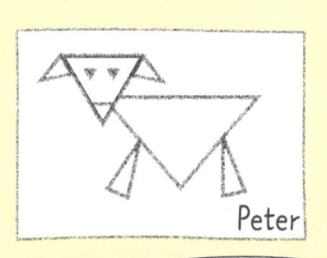

Paul   Anna   Peter

6 Zeichne die Muster ab und setze fort.

Zeichne eigene Muster.

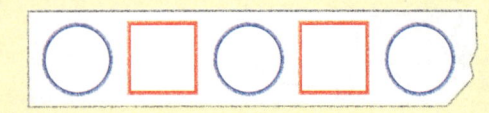

5 und 6 Diff.: Weitere Bilder und Muster zeichnen.

Mathematik und Kunst

1

Was siehst du?

Ich sehe 4 Dreiecke.

Victor Vasarely, Alphabet

2 Welche Flächenformen siehst du? Zähle und schreibe auf.

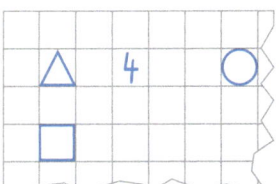

△ 4 ◯
☐

3 Welche Aussagen passen zum Bild?

Ich sehe 2 grüne Dreiecke.

Ich sehe 4 Kreise.

Ich sehe ein Fünfeck.

Ich sehe 12 Quadrate.

Ich sehe 3 Kreise.

4 Welche Flächenformen haben die Kinder verwendet? Zähle und schreibe auf.

Amir   Lea   Yuri

5 Gestalte ein eigenes Bild mit geometrischen Flächenformen. Macht mit euren Bildern eine Ausstellung.

1, 2, 4 Geometrische Flächenformen entdecken, zählen und notieren.
5 Z.B. Wasserfarbe, Buntstifte oder Transparentpapier nutzen.

Kombi **Das Geobrett**

1 Spanne wie die Kinder Figuren am Geobrett.

2 Spanne die Figuren mit einem Gummiband.

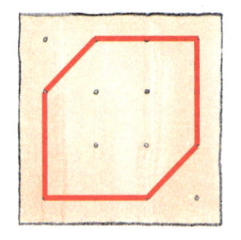

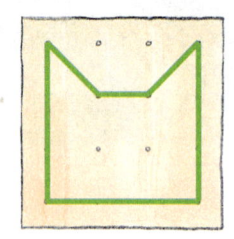

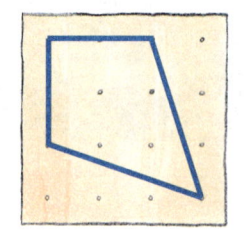

3 Spanne die Quadrate nach. Spanne weitere Quadrate.

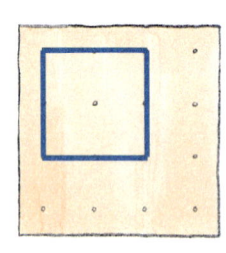

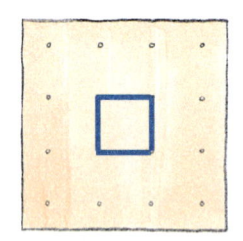

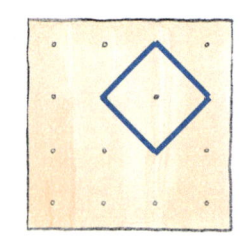

4 Spanne die Dreiecke nach. Spanne weitere Dreiecke.

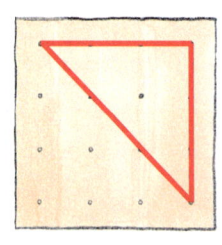

5 Hier siehst du immer das gleiche Rechteck. Spanne es auch an anderen Stellen des Geobretts.

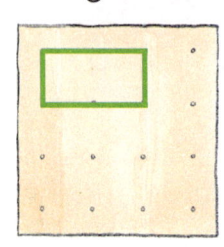

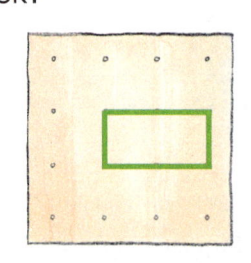

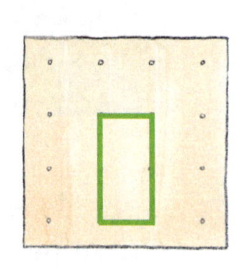

Kombi

6 Spanne die Figuren mit zwei Gummibändern.

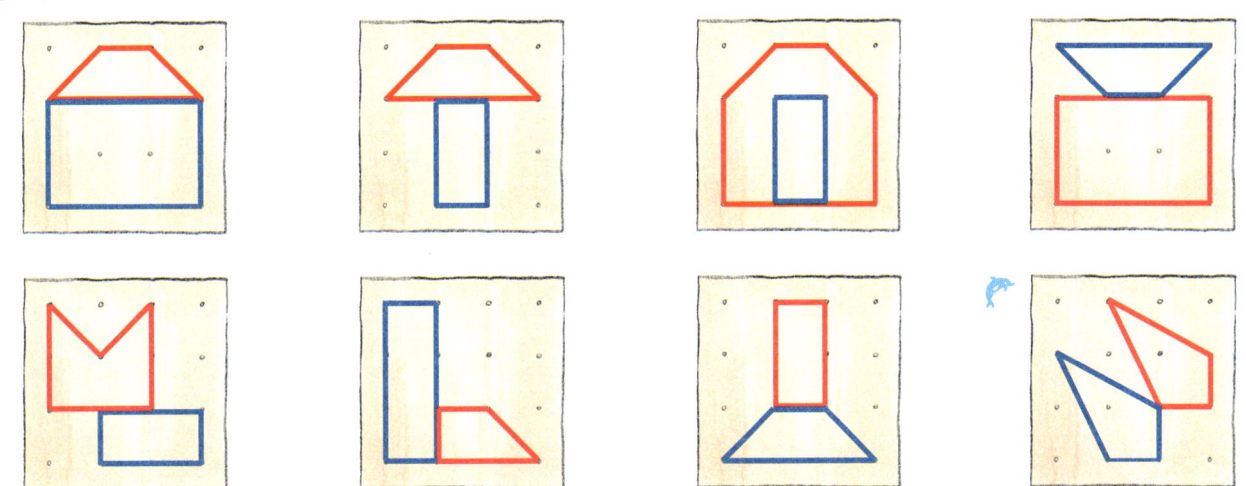

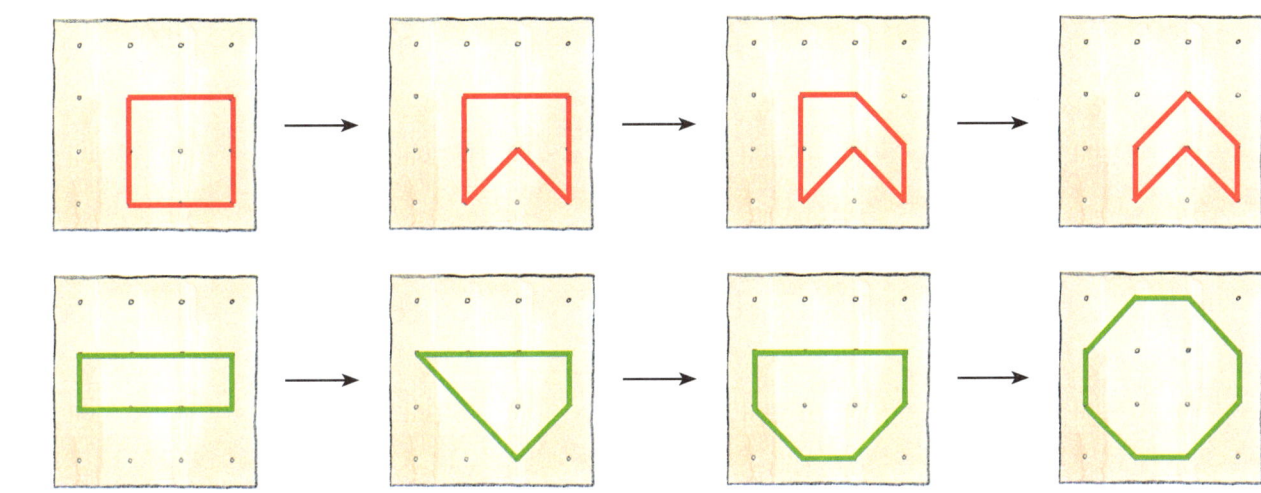

7 Spannt jeweils die erste Figur und verändert sie schrittweise wie abgebildet.

8 Wie viele Dreiecke und Vierecke seht ihr jeweils?

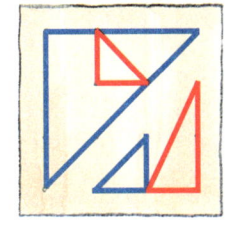

9 Spanne ein möglichst großes Dreieck.

Spanne zwei gleich große Rechtecke.

Spanne eine Figur mit 5 Ecken.

Spanne 5 Quadrate.

Spanne ein möglichst kleines Dreieck.

Besprecht eure Lösungen.

Beim Arbeiten mit dem Geobrett...

AH 69

109

Sachsituationen – Fragen und Rechnungen finden

1 Sprecht über das Bild und findet Fragen.

Bei welchen Fragen kannst du rechnen?

- Welche Farben haben die Lampions?
- Wie viele Luftballons sind in der Packung?
- Wie heißt das Geburtstagskind?
- Wie viele Teller sind auf dem Tisch?
- Wie alt wird das Geburtstagskind?
- Wie viele Lutscher sind noch übrig?

2 Begründet, zu welchen Fragen es eine Rechnung gibt.

Timo hat zu seinem Geburtstag 3 Mädchen und 6 Jungen eingeladen.

F: Wie viele Kinder sind schon da?
F: Wie viele Kinder hat Timo insgesamt eingeladen?
F: Wann beginnt die Geburtstagsfeier?

Lisa hat zu ihrer Geburtstagsfeier 8 Kinder eingeladen. 5 Kinder sind schon da.

F: Wie viele Mädchen sind es insgesamt?
F: Wie viele Kinder sind schon da?
F: Wie viele Kinder fehlen noch?

3 Finde passende **F**ragen zu den Rechengeschichten.
Vergleicht und besprecht.

Bei meinem Geburtstag waren 10 Kinder. Davon waren 4 Mädchen.

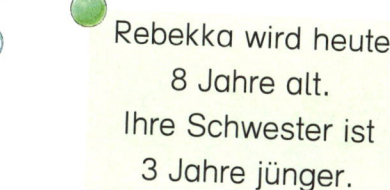

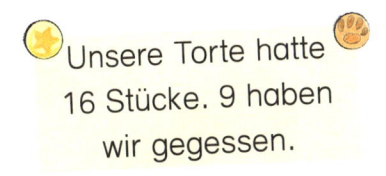

Rebekka wird heute 8 Jahre alt. Ihre Schwester ist 3 Jahre jünger.

Unsere Torte hatte 16 Stücke. 9 haben wir gegessen.

Ich darf 10 Kinder einladen. 6 Karten habe ich schon geschrieben.

Alle 9 Kinder wollen Dosen werfen. 4 waren schon dran.

4 Begründet, welche **R**echnung zum Bild passt. Rechnet.

R: 12 − 6 =   **R**: 12 + 6 =   **R**: 11 − 7 =   **R**: 8 + 7 =

R: 18 − 5 =   **R**: 18 − 7 =

5 Begründet, welche **R**echnung passt. Rechnet.

Lily hat schon 3 Einladungskarten verteilt.
4 Karten hat sie noch.
Wie viele Kinder lädt Lily ein?

Die Kinder machen eine Schatzsuche.
Die Schatzkarte hat 13 Teile.
7 Teile haben sie schon gefunden.
Wie viele Teile fehlen noch?

R: 4 − 3 =   **R**: 3 + 4 =   **R**: 3 + 7 =   **R**: 13 + 7 =

R: 7 − 3 =   **R**: 13 − 7 =

6 Finde jeweils eine passende **R**echnung zur Rechengeschichte. Rechne aus.

Simon hat 13 Kinder eingeladen. 9 Kinder sind gekommen. Wie viele Kinder konnten nicht kommen?

Lea muss noch 13 Muffins verzieren. 5 Stück hat sie schon fertig. Wie viele Muffins sind es insgesamt?

Beim Dosenwerfen sind von 15 Dosen schon 6 Dosen umgefallen. Wie viele Dosen stehen noch?

7 Schreibe Rechengeschichten zu deinem Geburtstag.

Kombi — Sachsituationen – Antworten finden

1 Sprecht über das Bild und überlegt euch Fragen, bei denen ihr rechnen müsst.

Eintrittspreise:
Erwachsene: 4 €
Kinder: 2 €

2 Begründet, welche Antwort jeweils passt.

An der Rutsche stehen 10 Kinder.
Es kommen 3 Kinder dazu.
Wie viele Kinder sind jetzt an der Rutsche?

$10 + 3 =$ ▢

A: 13 Kinder sind jetzt im Wasser.

A: 10 Kinder sind jetzt an der Rutsche.

A: 13 Kinder sind jetzt an der Rutsche.

Taro geht mit seinen Eltern ins Schwimmbad.
Wie viel müssen sie bezahlen?

$4 € + 4 € + 2 € =$ ▢

A: Der Eintritt kostet 2 € für ein Kind.

A: Sie müssen 10 € bezahlen.

A: Sie müssen 10 € für die Eltern bezahlen.

112 AH 71 1 Anzahlen auf dem Bild schätzen lassen. Diff.: Rechengeschichten zum Bild schreiben und lösen.
Die Seiten 112 und 113 können zum jahrgangskombinierten Arbeiten verwendet werden,
vgl. Denken und Rechnen Klasse 2, Seiten 108 und 109.

Kombi

3 Finde jeweils passende Antworten. Vergleicht und besprecht.

- 15 Kinder sind im Wasser. 4 klettern wieder heraus. Wie viele Kinder sind jetzt noch im Wasser?
  15 − 4 =
- Paul und Simon gehen mit ihrem Opa ins Schwimmbad. Wie viel kostet der Eintritt?
  2 € + 2 € + 4 € =
- 11 Kinder stehen am Sprungturm. 2 kommen dazu. Wie viele Kinder sind jetzt am Sprungturm?
  11 + 2 =

gelb A: Jetzt sind

4 Finde passende Rechnungen und Antworten.

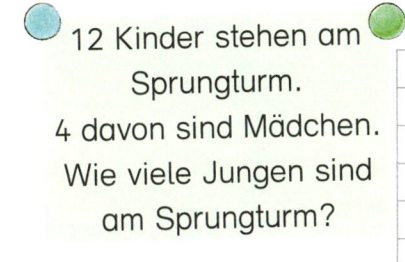

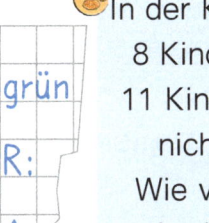

- 12 Kinder stehen am Sprungturm. 4 davon sind Mädchen. Wie viele Jungen sind am Sprungturm?
- In der Klasse 1b können 8 Kinder schwimmen. 11 Kinder können noch nicht schwimmen. Wie viele Kinder sind in der Klasse 1b?
- Lukas geht mit seinem Bruder und seinen Eltern ins Schwimmbad. Wie viel müssen sie bezahlen?

grün R: A:

5 Löse die Rechengeschichten. Schreibe immer eine Frage, eine Rechnung und eine Antwort.

- 9 Kinder sind schon im Wasser. 5 andere springen noch hinein.
- 7 Kinder sitzen im Karussell. Es gibt 10 Plätze.
- 8 Mädchen und 7 Jungen sind im Wasser.
- In der Klasse 1a sind 18 Kinder. 7 davon können schwimmen.

rot F: Wie viele
R:
A:

6 Die Kinder haben beim Lösen der Rechengeschichten Fehler gemacht. Findet sie und besprecht.

- 6 Kinder klettern. 3 Kinder kommen dazu.
  F: Wie viele Kinder klettern jetzt?
  R: 6 − 3 = 3
  A: 3 Kinder klettern jetzt.
  Berke

- 12 Kinder spielen Fußball. 4 davon gehen zum Rutschen.
  F: Wie viele Kinder spielen noch Fußball?
  R: 12 − 4 = 8
  A: 8 Kinder sind dann an der Rutsche.
  Sina

Beim Lösen von Rechengeschichten...

7 Wie viel kostet der Eintritt für deine Familie in das Schwimmbad?

7 Im Internet oder vor Ort die Preise für das Lieblingsschwimmbad recherchieren und die Kosten des Eintritts für die eigene Familie berechnen.

AH 71

Aufgabenfamilien

1 Schreibe jeweils Aufgabenfamilien.

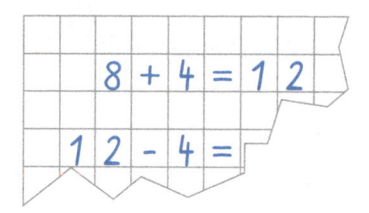

8   12   4 $8 + 4 = 12$ 5   11   6   9   11   2
                 $12 - 4 =$ 7   12   5   7   13   6

2 Welche Aufgaben fehlen jeweils?
Schreibe die vollständigen Aufgabenfamilien in dein Heft.

Paula
$9 + 5 = 14$
$5 + 9 = 14$

Max
$14 - 6 = 8$
$8 + 6 = 14$

Leni
$11 - 3 = 8$
$3 + 8 = 11$

Johannes
$7 + 4 = 11$
$11 - 4 = 7$

3 Schreibt die Aufgabenfamilien und vergleicht. Was fällt euch auf?

6   12   6   14   7   7   8   8   16   18   9   9

4 Forschen   Schreibe jeweils eine Aufgabenfamilie.
Es gibt immer zwei Möglichkeiten.

9   12   8   13   10   9   8   14
    17   8   16   9   12   20   15   8

5 Forschen   Schreibe Aufgabenfamilien.

12   5   8

6 Welche Aufgabe passt zum Bild? Begründet und rechnet.

A
$8 + 4$
$6 - 6$
$6 + 6$

B
$6 + 4$
$10 - 4$
$6 - 4$

C
$14 - 4$
$14 - 7$
$7 + 7$

1 Evtl. auf Wortspeicher von Seite 51 verweisen.
4 Diff.: Beide Möglichkeiten schreiben.
5 Forscherheft nutzen.

Lernumgebung – Rechendreiecke

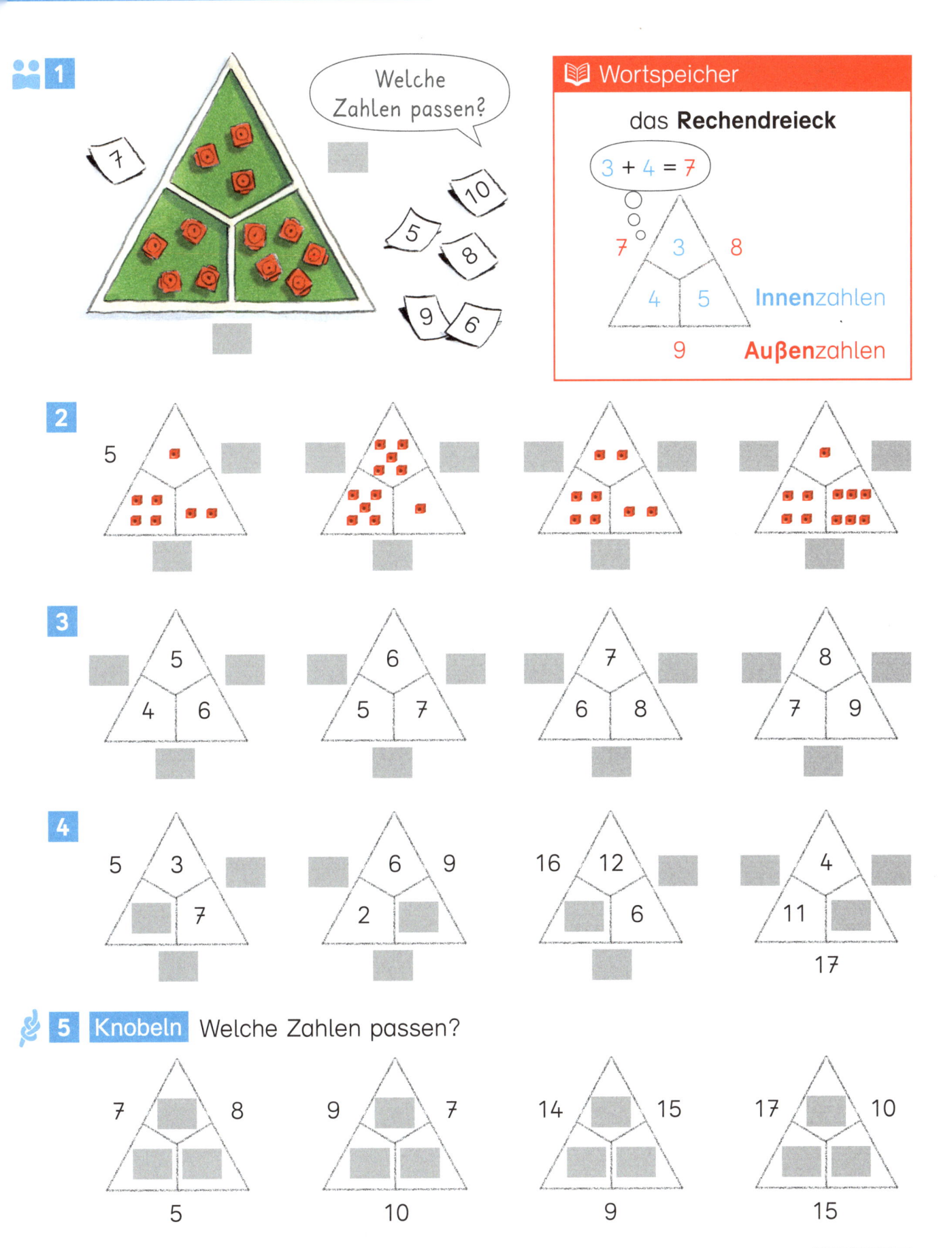

1 Welche Zahlen passen?

Wortspeicher

das **Rechendreieck**

3 + 4 = 7

7, 3, 8 — **Innen**zahlen
4, 5
9 — **Außen**zahlen

2

3

4

5 Knobeln Welche Zahlen passen?

6 Forschen Erfinde eigene Rechendreiecke.

Wortspeicher nutzen. **1** und **2** Jeweils die Innenzahlen addieren, um die Außenzahlen zu bestimmen.
4 Fehlende Innenzahlen durch Ergänzen oder Subtrahieren finden.
6 Forscherheft nutzen.

AH 73

Beim Bearbeiten von Rechendreiecken…

115

Lernumgebung – Zwanzigertafel

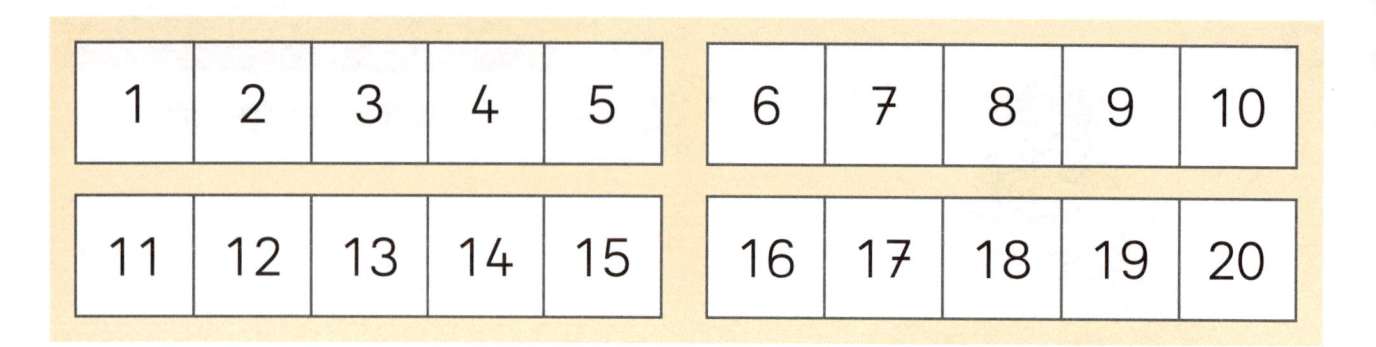

1	2	3	4	5	6	7	8	9	10
11	12	13	14	15	16	17	18	19	20

1 Bildet immer mit zwei Zahlen aus der Zwanzigertafel Plusaufgaben mit diesen Ergebnissen.

10   20   12   15   14   17

1 + 9 = 1 0
2 + 8 = 1 0

2 `Knobeln` Bilde mit drei nebeneinanderliegenden Zahlen Plusaufgaben mit diesen Ergebnissen.

15   12   18

3 Bildet Plusaufgaben mit zwei Zahlen.

Das Ergebnis soll größer als 13 sein.

Das Ergebnis soll kleiner als 13 sein.

4 Bildet aus den untereinanderstehenden Zahlen immer eine Plusaufgabe. Was fällt euch bei den Ergebnissen auf?

1	2	3	4	5
11	12	13	14	15

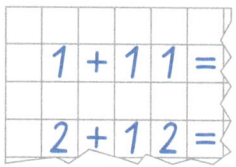

1 + 1 1 =
2 + 1 2 =

5 Bildet aus möglichst vielen nebeneinanderliegenden Zahlen eine Plusaufgabe.

6 Bildet immer aus den zwei versteckten Zahlen eine Plusaufgabe.

| 11 | 12 | 13 | 14 | 15 | 16 | 17 | 18 | 19 | 20 |

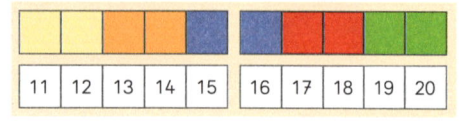

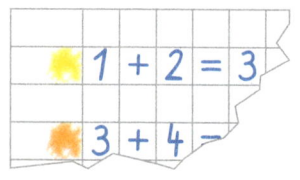

1 + 2 = 3
3 + 4 =

Vergleicht die Ergebnisse. Was fällt euch auf?

7 Bildet immer aus den zwei versteckten Zahlen eine Plusaufgabe.

	2		4		6		8		10
11		13		15		17		19	

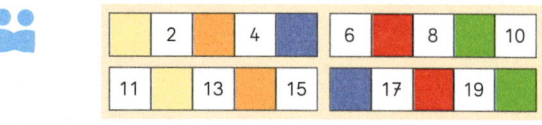

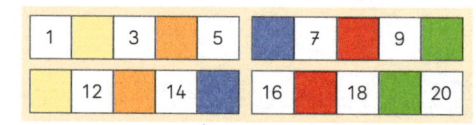

1		3		5		7		9	
	12		14		16		18		20

Zufall und Wahrscheinlichkeit – Sicher, möglich, unmöglich

Wortspeicher

sicher (immer) · möglich (vielleicht) · unmöglich (nie)

Fange ich einen roten Fisch?

1

2 Emma kann die Fische nicht sehen. Sie angelt einen Fisch.
Sicher, möglich, unmöglich? Entscheidet und begründet.

A Sie angelt einen roten Fisch.
B Sie angelt einen blauen Fisch.
C Sie angelt einen gelben Fisch.

A möglich

A Sie angelt einen gelben Fisch.
B Sie angelt einen roten Fisch.
C Sie angelt einen grünen Fisch.

3

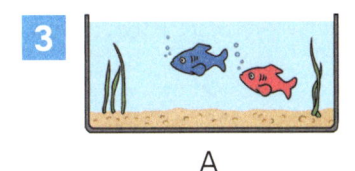

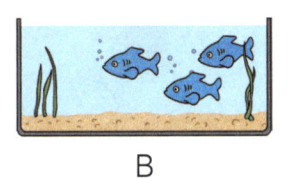

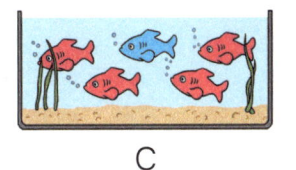

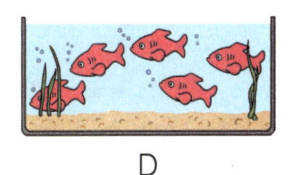

A   B   C   D

Finde die passenden Aquarien.
Ina: Ich angele sicher einen blauen Fisch.
Paul: Es ist möglich, dass ich einen roten Fisch angele.
Emma: Es ist unmöglich, dass ich einen roten Fisch angele.
Tom: Ich angele sicher einen roten Fisch.

Ina B

Besprecht eure Lösungen.

4 Male passende Fische ins Aquarium.
Emma: Ich angele sicher einen gelben Fisch.
Paul: Es ist unmöglich, dass ich einen gelben Fisch angele.

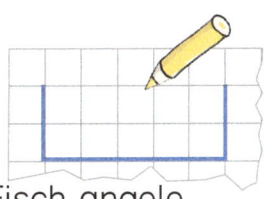

Beim Einschätzen ob etwas sicher,...

Wortspeicher nutzen.
3 Bei der Aussage von Paul gibt es mehrere Möglichkeiten.

Zeitpunkte – Volle Stunden

1

A	7 Uhr morgens
B	

Wortspeicher

die **Uhr**

Der kleine Zeiger ist der **Stunden**zeiger.
Der große Zeiger ist der **Minuten**zeiger.

A morgens
B vormittags
C mittags
D nachmittags
E nachmittags
F abends
G nachts

Beschreibe deinen Tagesablauf an verschiedenen Wochentagen.

6 + 8 = 14
= 15

2 Wie spät ist es?

Stellt weitere Uhrzeiten auf eurer Lernuhr ein und lest sie ab.

Wortspeicher nutzen.

Zeitspannen – Stunden

1 Was dauert länger als eine Stunde? Vergleicht und besprecht.

- Einen Kinofilm anschauen.
- Hausaufgaben machen.
- In den Urlaub fahren.
- Zu Mittag essen.
- Kindergeburtstag feiern.
- Nachts schlafen.

Wortspeicher

die **Stunde**

h

hora heißt Stunde

2 Wie viele Stunden dauert es?

Kino — ☐ h

Kino 3 Uhr → 2h 5 Uhr

Sandburg bauen — ☐ h

Kuchen backen — ☐ h

Schule — ☐ h

Schwimmbad — ☐ h

3 Altan geht um 9 Uhr zum Fußballturnier. Er kommt um 12 Uhr wieder heim. Wie viele Stunden war er unterwegs?

4 Isabell geht mit ihrer Mutter ins Theater. Die Vorstellung beginnt um 3 Uhr und endet um 5 Uhr. Wie viele Stunden dauert die Vorstellung?

5 Jan und Rieke fahren um 9 Uhr in den Zoo. Sie kommen um 5 Uhr nachmittags wieder heim. Wie lange waren sie unterwegs?

Beim Umgang mit Uhrzeiten...

Sachsituationen – Fragen, Rechnungen und Antworten finden

1 Sprecht über das Bild und überlegt euch Fragen, bei denen ihr rechnen müsst.

Ruderboot-Verleih
10 – 18 Uhr
6 € pro Stunde

Ammersee Rundfahrt
Erwachsene 8 €
Kinder 4 €

Kiosk

1 Glas Saft   2 €
Schnitzel   6 €
Wurst   3 €
Pommes   2 €
Kekse   1 €
Eis   1 € oder 2 €

Ich möchte Schnitzel mit Pommes.

Ich habe 12 € und kaufe eine Wurst.

Bitte eine Wurst mit Pommes.

Pia möchte eine Wurst. Ich möchte ein Glas Saft und ein Eis.

Ich hole ein Schnitzel, eine Wurst, zwei Gläser Saft und Kekse.

1 Diff.: Berechnen, wie viel die Rundfahrt für die eigene Familie kostet.
Im Internet recherchieren, welche Seen in der Nähe sind.

2 Die Klasse 1a hat Rechengeschichten zum Bild geschrieben.
Schreibe eine **F**rage, eine **R**echnung und eine **A**ntwort.

- Emre macht mit seinen Eltern eine Ammersee Rundfahrt.
- Familie Klein mietet ein Ruderboot für 3 Stunden.
- Auf dem See sind 3 Boote. In einem Boot sind 2 Kinder, in den anderen Booten sitzen jeweils 3 Kinder.
- Lea möchte mit ihren 3 Geschwistern eine Rundfahrt machen.
- 7 Kinder sind schon auf dem Schiff. 5 kommen gerade dazu.

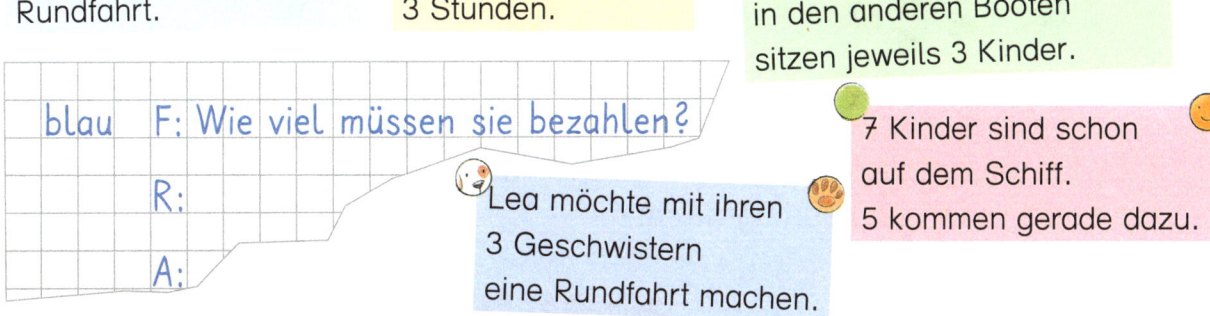

blau   F: Wie viel müssen sie bezahlen?
R:
A:

3 Schreibe Rechengeschichten zu den Sprechblasen im Bild und löse sie.

Nina kauft eine Wurst. Sie hat 12 €.
F: Wie viel Geld
R:
A:

4 Was kaufst du am Kiosk? Schreibe eine Rechengeschichte. Dein Partner löst sie.

5 Löse auch diese Rechengeschichten zum Schulausflug.
Schreibe eine **F**rage, eine **R**echnung und eine **A**ntwort.

- In der Klasse 2a sind 20 Kinder. 8 davon sind schon auf dem Schiff.
- Tina kauft drei Karten. Jede Karte kostet 1 €. Außerdem kauft sie ein Schnitzel für 5 € und Pommes für 2 €.
- Beim Bootsverleih gibt es 15 Boote. 6 davon sind auf dem See.
- Auf dem See fahren 3 Ruderboote und 9 Segelboote.
- Jan kauft eine Wurst für 3 €, Pommes für 2 € und ein Glas Saft für 2 €. Er bezahlt mit einem 10-Euro-Schein.

6 Schreibe Rechengeschichten zu den Aufgaben.

5 + 4   8 + 6   8 − 3   15 − 6   9 + ☐ = 12

Beim Lösen von Rechengeschichten...

Die Kinder über die Lösungen austauschen lassen.

Kombi — Daten – Balkendiagramm

1 Jedes Kind der Klasse 1a hat zu seinem liebsten Spielgerät einen Würfel gelegt. Welches Spielgerät wählten die meisten Kinder?

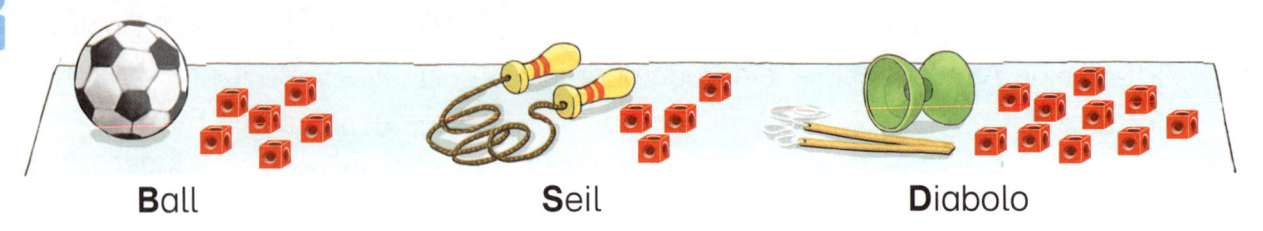

Ball **S**eil **D**iabolo

Malt für jeden Steckwürfel ein Kästchen aus.
So entsteht ein Balkendiagramm.

Ball 6
Seil
Diabolo

Wortspeicher
das **Balkendiagramm**
□ für 1 Kind

2 So hat sich die Klasse 1b entschieden. Lege, stecke und male.

3 Auch die Kinder der Klassen 2a und 2b haben abgestimmt.

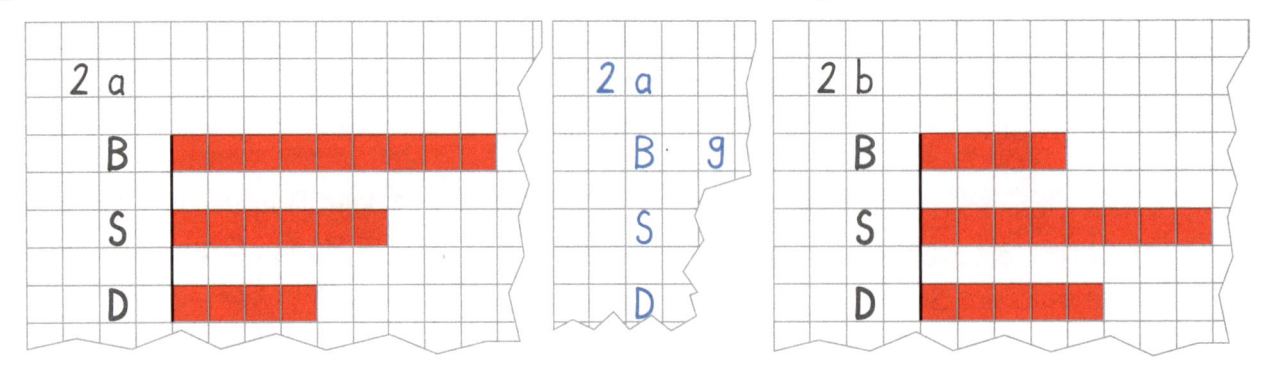

2a: B, S, D
2a: B 9, S, D
2b: B, S, D

Paul: Wie viele Kinder möchten einen Ball?
Mia: Wie viele Kinder möchten ein Seil?
Emil: Welches Spielgerät wählten die wenigsten Kinder?
Sara: Wie viele Kinder gehen in die jeweilige Klasse?

4 So haben die Klassen 3a und 3b entschieden. Lege, stecke und zeichne.

3a: ⚽ 10   🪢 5   🪀 4   3b: ⚽ 4   🪢 5   🪀 9

Wortspeicher nutzen.
Die Seiten 122 und 123 können zum jahrgangskombinierten Arbeiten verwendet werden,
vgl. Denken und Rechnen Klasse 2, Seiten 118 und 119.

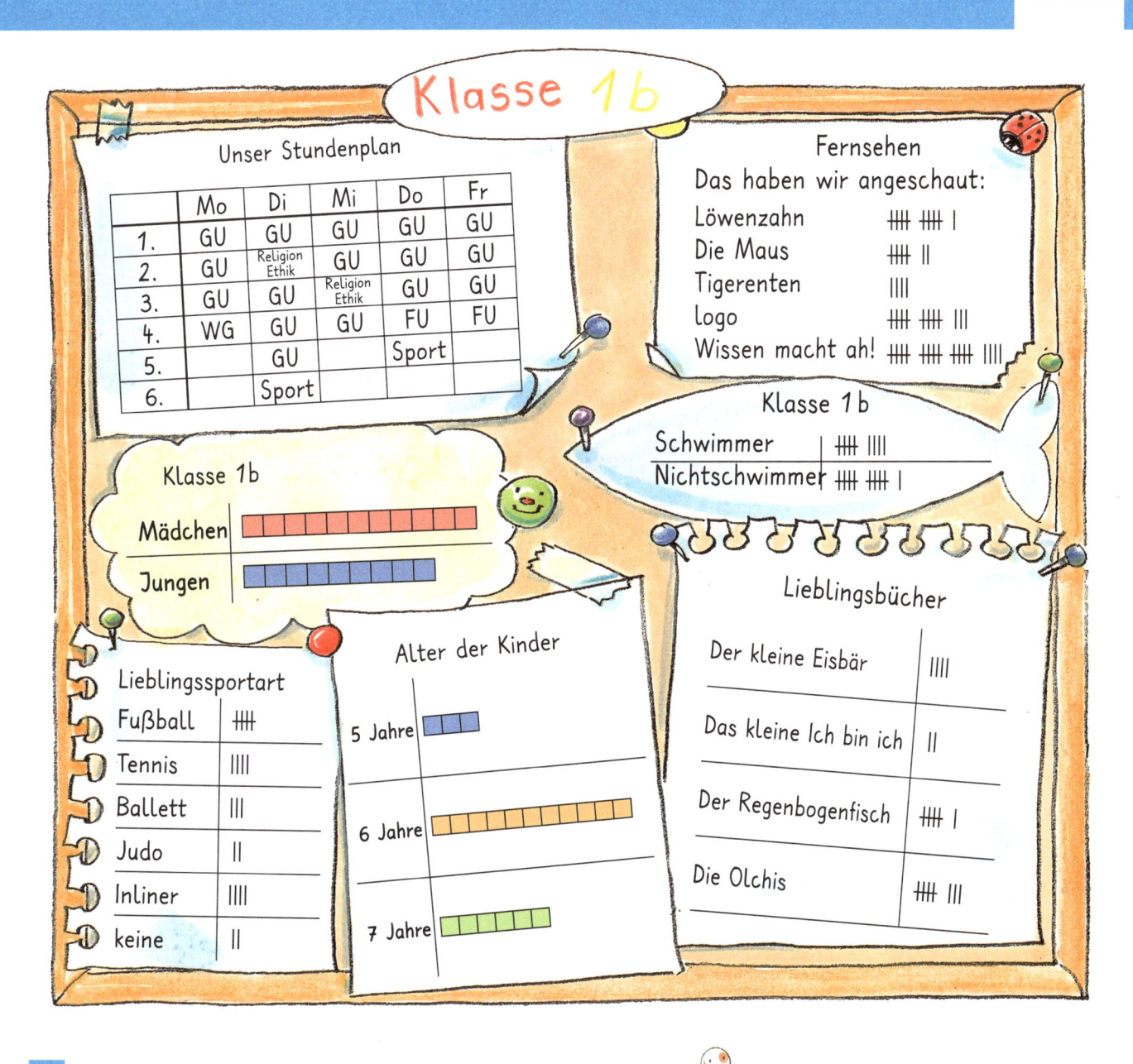

Daten – Daten sammeln — Kombi

Klasse 1b

Unser Stundenplan

	Mo	Di	Mi	Do	Fr
1.	GU	GU	GU	GU	GU
2.	GU	Religion Ethik	GU	GU	GU
3.	GU	GU	Religion Ethik	GU	GU
4.	WG	GU	GU	FU	FU
5.		GU		Sport	
6.		Sport			

Fernsehen
Das haben wir angeschaut:
- Löwenzahn |||| |||| |
- Die Maus |||| ||
- Tigerenten ||||
- logo |||| |||| |||
- Wissen macht ah! |||| |||| |||| ||||

Klasse 1b
- Schwimmer |||| ||||
- Nichtschwimmer |||| |||| |

Klasse 1b
- Mädchen (rote Balken)
- Jungen (blaue Balken)

Lieblingssportart
Fußball					
Tennis					
Ballett				
Judo			
Inliner					
keine			

Alter der Kinder
- 5 Jahre
- 6 Jahre
- 7 Jahre

Lieblingsbücher
Der kleine Eisbär					
Das kleine Ich bin ich			
Der Regenbogenfisch						
Die Olchis								

---

1 Welche Fragen kannst du beantworten?
- Wie viele Mädchen sind in der Klasse 1b?
- Welches Buch haben die meisten Kinder gelesen?
- Wie viele Stunden GU haben die Kinder am Mittwoch?
- Wie viele Kinder schauen samstags fern?

Suche eigene Fragen.

2 Frage die Kinder deiner Klasse. Erstelle weitere Strichlisten.

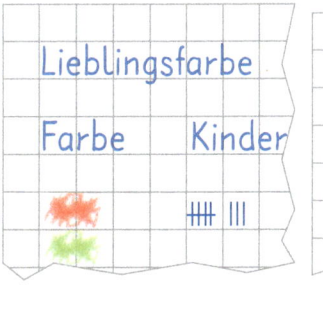

Geburtstag
Monat	Kinder
Januar	||
Februar	

Lieblingsfarbe
Farbe	Kinder
(rot)	
(grün)	|||| |||

Haustiere
Tiere	Kinder
Hund	|||
Katze	

Mittagsbetreuung
Tage	Kinder
Mo	||||
Di	

Beim Umgang mit Daten...

Wiederholung

1
5 + 6	6 + 4	7 + 3	7 + 8	3 + 9
5 + 7	6 + 5	7 + 4	8 + 4	2 + 9
5 + 8	6 + 6	7 + 5	9 + 3	3 + 8
5 + 9	6 + 7	7 + 6	7 + 9	4 + 7
5 + 10	6 + 8	7 + 7	8 + 6	5 + 6

2
12 − 6	14 − 7	16 − 8	13 − 4	20 − 5
12 − 5	14 − 6	16 − 7	17 − 9	20 − 6
12 − 4	14 − 5	16 − 6	15 − 6	20 − 7
12 − 3	14 − 4	16 − 5	11 − 4	20 − 8
12 − 2	14 − 3	16 − 4	13 − 6	20 − 9

3 Suche selbst Aufgaben.

| 15 − ▢ | 8 + ▢ | 13 − ▢ | 9 + ▢ | 11 − ▢ |
| 15 − ▢ | 8 + ▢ | 13 − ▢ | 9 + ▢ | 11 − ▢ |

4 Rechne zuerst die Verdoppelungsaufgabe.

7 + 6	8 + 7	6 + 5	5 + 4	9 + 8
7 + 7	**8 + 8**	**6 + 6**	**5 + 5**	**9 + 9**
7 + 8	8 + 9	6 + 7	5 + 6	9 + 10

5 Rechne zuerst die passende Aufgabe mit 10.

3 + 9 (3 + 10 − 1)	2 + 9	4 + 9	6 + 8	7 + 8
5 + 9	7 + 9	6 + 9	4 + 8	5 + 8
13 − 9 (13 − 10 + 1)	16 − 9	15 − 9	12 − 8	14 − 8
17 − 9	14 − 9	12 − 9	11 − 8	17 − 8

6 Ordne zu und finde weitere Aufgaben.

7 + 9   6 + 7   5 + 10   7 + 8   9 + 4   0 + 16

3 + 9   4 + 8   8 + 8   7 + 5   6 + 9   5 + 8

Kisten: 12, 16, 13, 15

Wiederholung

1 Schreibe immer Aufgabe und Tauschaufgabe.

6 + 7	9 + 3	5 + 9	5 + 8	3 + 8
6 + 7 =	8 + 4	8 + 7	6 + 8	6 + 9
7 + 6 =	5 + 6	9 + 2	4 + 9	4 + 7

2 Suche zu jeder Aufgabe die Umkehraufgabe.

9 + 5   7 + 7   15 − 9   6 + 9   14 − 7   13 − 9

5 + 7   10 + 10   12 − 7   14 − 5

13 − 5   4 + 9   20 − 10   8 + 5

9 + 5 =
14 − 5 =

3 Schreibe jeweils eine Aufgabenfamilie. Es gibt immer zwei Möglichkeiten.

5 6   9 8   8 11
5 + 6 =
4 7   7 8   6 8   9 20

4 Welches Rechenzeichen passt? Setze ein. + −

9 ◯ 5 = 14	14 ◯ 7 = 7	17 ◯ 3 = 14	11 ◯ 9 = 20
8 ◯ 2 = 6	14 ◯ 6 = 20	17 ◯ 3 = 20	11 ◯ 1 = 10
9 ◯ 5 = 4	18 ◯ 9 = 9	17 ◯ 8 = 9	13 ◯ 4 = 17

5 Welches Rechenzeichen passt? Setze ein. + −

7 ◯ 3 ◯ 4 = 14	7 ◯ 8 ◯ 2 = 13	9 ◯ 4 ◯ 2 = 11
6 ◯ 4 ◯ 5 = 5	14 ◯ 7 ◯ 3 = 10	16 ◯ 4 ◯ 9 = 11
12 ◯ 2 ◯ 3 = 13	8 ◯ 8 ◯ 4 = 20	20 ◯ 7 ◯ 2 = 11

6 Welche Aufgabe passt zum Bild?

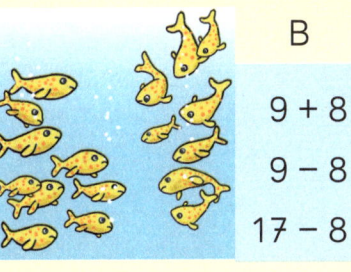

A   13 − 7   7 − 6   13 − 6

B   9 + 8   9 − 8   17 − 8

C   8 − 4   12 − 8   12 − 4

125

Zum Knobeln

1 Marie hat 15 Murmeln. Sie hat doppelt so viele rote wie blaue. Wie viele Murmeln sind es von jeder Farbe?

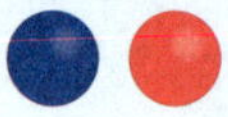

2 In welchen Streichholzschachteln können drei Münzen sein?

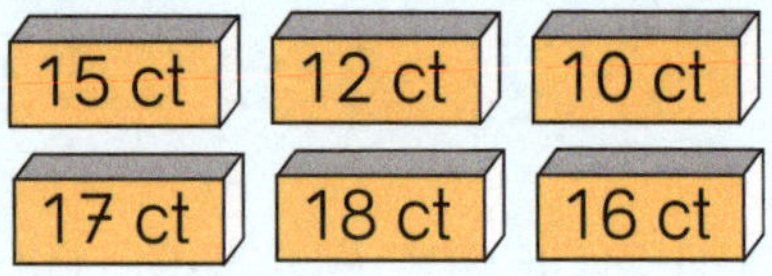

| 15 ct | 12 ct | 10 ct |
| 17 ct | 18 ct | 16 ct |

3 Aus wie vielen Kugeln besteht die nächste Figur? Male im Heft.

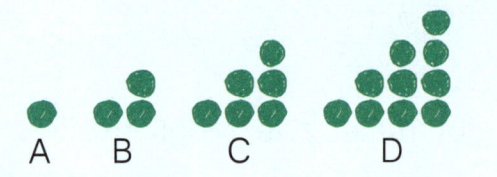

A   B   C   D   E

4 Du musst bei jeder Aufgabe ein Hölzchen entfernen, damit die Rechnung zum Ergebnis passt.

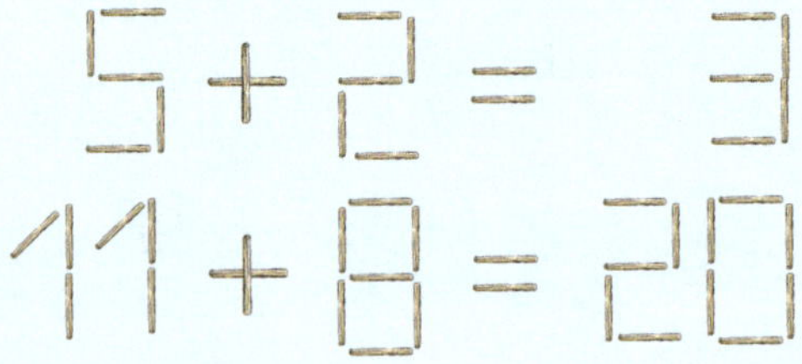

$5 + 2 = 3$

$11 + 8 = 20$

5 Gleiche Zeichen bedeuten gleiche Zahlen.

○ + ○ = 8
○ + △ = 9
△ − ○ = 1

♥ + ☾ = 10
♥ − ☾ = 2
2 + ♥ = 8
10 − ☾ = 6

6 Schreibe alle Zahlen von 0 bis 20. Wie oft schreibst du die 1?

7 Mehmet hat drei Schwestern. Jede Schwester hat einen Bruder. Wie viele Kinder sind es?

8 Simon ist 10 Jahre alt. Sein Bruder Max ist 3 Jahre alt. In wie vielen Jahren ist Simon doppelt so alt wie Max?

9 Luisa wohnt auf einem kleinen Bauernhof. Sie zählt die Beine ihrer Kühe und Hühner.

Unsere Tiere haben zusammen 16 Beine. Wir haben weniger Hühner als Kühe.

Wortspeicher

Zahlen

das Zwanzigerfeld

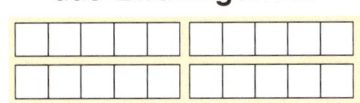

der Zahlenstrahl
0 1 2 3 4 5 6 7 8 9 10 11

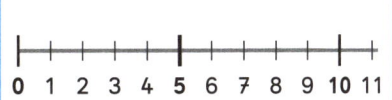

6	7	8
Vorgänger	Zahl	Nachfolger

die Strichliste

zerlegen
3
0 + 3
1 + 2
2 + 1
3 + 0

6 > 3
ist **größer** als
ist **mehr** als

3 = 3
ist **gleich**

3 < 6
ist **kleiner** als
ist **weniger** als

1. das **Erste**
2. das **Zweite**
3. das **Dritte**

die **Stellenwerttabelle**

Z	E
1	3

13   1 **Zehner** sind **10 Einer**.

Addieren (Plusrechnen) und Subtrahieren (Minusrechnen)

die Plusaufgabe
4 + 3 = 7
4 **plus** 3 **ist gleich** 7
1. Zahl   2. Zahl   Ergebnis

die Minusaufgabe
6 − 4 = 2
6 **minus** 4 **ist gleich** 2
1. Zahl   2. Zahl   Ergebnis

Tauschaufgaben

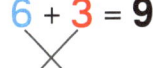

6 + 3 = 9
3 + 6 = 9

Tausche die 1. und die 2. Zahl. Das Ergebnis bleibt gleich.

Aufgabe   5 + 4 = 9
Umkehraufgabe 9 − 4 = 5

Aufgabe   9 − 3 = 6
Umkehraufgabe 6 + 3 = 9

die Aufgabenfamilie

7
4
3

4 + 3 = 7
7 − 3 = 4
3 + 4 = 7
7 − 4 = 3

Starke Päckchen kann man fortsetzen.

1. Zahl 2. Zahl Ergebnis
1 + 1 = 2
1 + 2 = 3
1 + 3 = 4
1 + 4 = 5
1 + 5 = 6

Das **Doppelte** von 6 ist 12.

6 + 6 = 12

Die **Hälfte** von 12 ist 6.

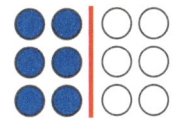

12 = 6 + 6

die Zahlenmauer

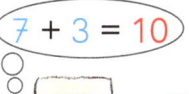

7 + 3 = 10

10   **Ziel**zahl
7 3 **Basis**zahlen

das Rechendreieck

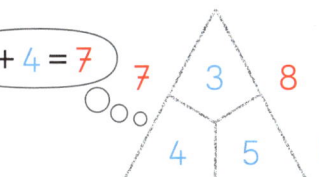

3 + 4 = 7

7   3   8
  4   5   **Innen**zahlen
     9   **Außen**zahlen

127

Wortspeicher

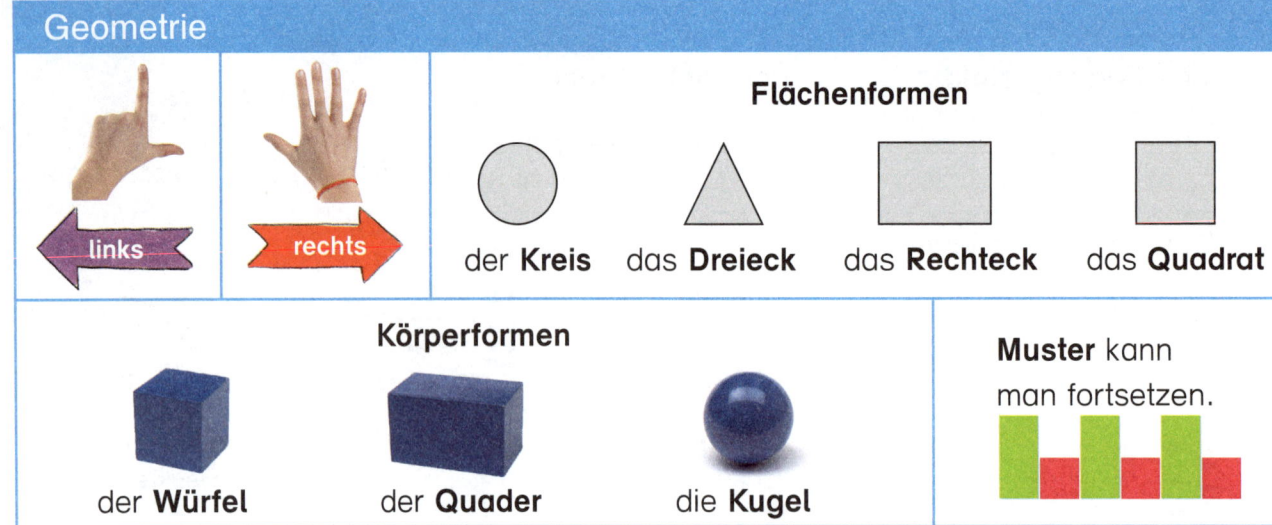

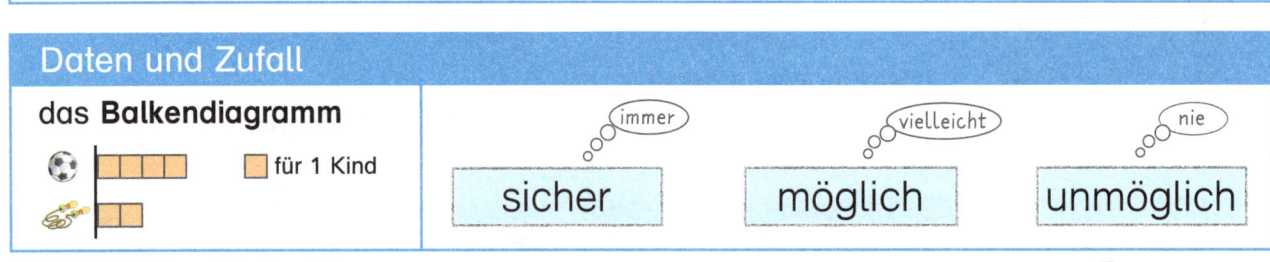

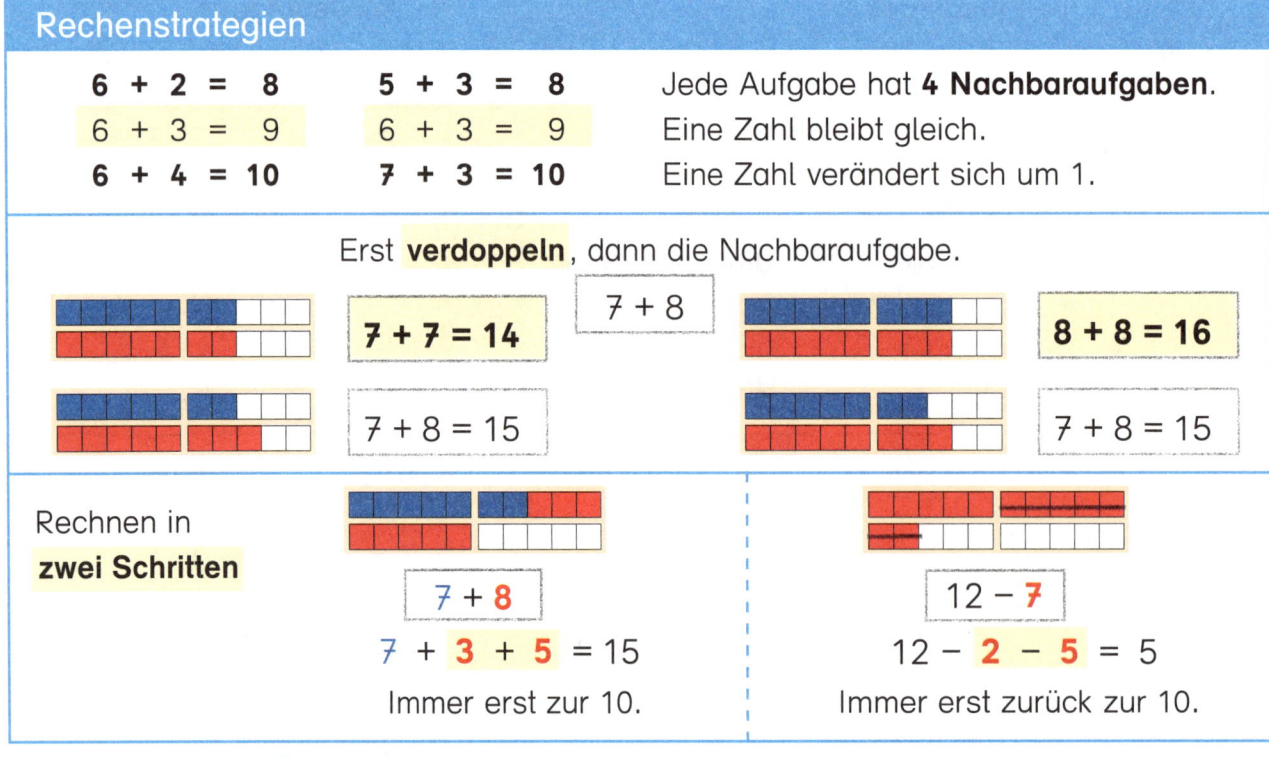

Geometrie

links   rechts

Flächenformen

der **Kreis**   das **Dreieck**   das **Rechteck**   das **Quadrat**

Körperformen

der **Würfel**   der **Quader**   die **Kugel**

Muster kann man fortsetzen.

Daten und Zufall

das **Balkendiagramm**

☐ für 1 Kind

immer — sicher
vielleicht — möglich
nie — unmöglich

Rechenstrategien

6 + 2 = 8
6 + 3 = 9
6 + 4 = 10

5 + 3 = 8
6 + 3 = 9
7 + 3 = 10

Jede Aufgabe hat **4 Nachbaraufgaben**.
Eine Zahl bleibt gleich.
Eine Zahl verändert sich um 1.

Erst **verdoppeln**, dann die Nachbaraufgabe.

7 + 7 = 14   7 + 8   8 + 8 = 16
7 + 8 = 15   7 + 8 = 15

Rechnen in **zwei Schritten**

7 + 8
7 + 3 + 5 = 15
Immer erst zur 10.

12 − 7
12 − 2 − 5 = 5
Immer erst zurück zur 10.

Größen

das **Geld**
€ bedeutet **Euro**
ct bedeutet **Cent**

die **Uhr**
Der kleine Zeiger ist der **Stunden**zeiger.
Der große Zeiger ist der **Minuten**zeiger.

die **Stunde**
h
hora heißt Stunde

128